Gestión Del Tiempo

Mejorar El Crecimiento Personal Y Profesional Del Individuo A Través Del Autocontrol Y Métodos Probados Para Alcanzar Metas

El Manual Definitivo Sobre La Gestión Eficiente Del Tiempo)

Antónia Manuel Yuste

TABLA DE CONTENIDOS

Límites Del Modelo Y Sus Extensiones 1

Determinar La Jerarquía De Precedencia 10

Aprender A Decir No 18

¿Qué Es La Ecuanimidad? 43

Prevenir Los Fallos En La Gestión Del Tiempo. 61

Venciendo La Procrastinación 71

Ejecución De Objetivos Fundamentales 79

Fundamentos Elementales De Organización ... 82

Conceder Prioridad A Aquello Que Reviste Verdadera Importancia 96

Identifique Los Períodos De Mayor Rendimiento De Su Día 140

Límites Del Modelo Y Sus Extensiones

RESTRICTIVAS RESTRICCIONES Y JUICIOS PERTINENTES A LA CONFIGURACIÓN TEÓRICA

Aunque universalmente reconocido, el modelo de Pareto puede no ser consistentemente válido en todos los sectores y departamentos. Se ha establecido una frontera inicial en la industria de la distribución mayorista, donde parece poco probable que el 20 % de la clientela total constituya el 80 % del total de ganancias. En consecuencia, la normativa debe adecuarse al sector y al departamento correspondiente de la empresa. Además, podemos emitir dos críticas más: en primer lugar, la proporción 80/20 obviamente no es siempre la que observamos en la realidad. Además, no necesariamente resulta óptimo enfocarse exclusivamente en el 20 %.

Es posible que un modelo no siempre sea del todo exacto.

La crítica inicial a este principio destaca el hecho de que no es una ciencia exacta. Alcanzar una proporción del 80/20 en cada departamento de una empresa se presenta como una tarea insuperable en la realidad empresarial. No obstante, no se refuta la idea primordial del esquema propuesto. Según la teoría propuesta por Joseph Juran, es conveniente separar los efectos en dos categorías: en primer lugar, una porción reducida en términos de cantidad, no obstante, trascendental en cuanto a sus implicancias; en segundo lugar, una cantidad significativa de efectos, pero cuyas implicancias se encuentran acotadas. Si no es factible demarcar con precisión estos dos componentes en 20% y 80%, también se pueden emplear proporciones como 10/90 o 5/95 y, de hecho, podrían ser potencialmente el estándar requerido para un escenario dado.

Es posible que un modelo no siempre resulte eficaz.

La segunda crítica se refiere a la eficacia comparativa del principio de Pareto. A pesar de que un porcentaje considerable, concretamente el 80 %, de los productos de una empresa presenten una escasa rotación comercial, cabe destacar que podrían constituir una fracción significativa, en torno al 20 %, del total de su volumen de ventas. En caso de que los costos de almacenamiento para estos productos sean reducidos, la compañía podría sostener la comercialización de los mismos, aunque su atractivo hacia los consumidores sea inferior. En la subsiguiente sección, examinaremos la interrelación existente entre la Ley de

Pareto y otro trascendental principio: el de la distribución de la larga cola.

EXTENSIONES Y MODELOS RELACIONADOS

El modelo ABC

"El modelo ABC proporciona un mejoramiento al axioma de Pareto". La presente propuesta postula que, en el marco de Pareto, las categorías intermedias no son contempladas adecuadamente, lo que complica la valoración de su relevancia. Al categorizar los efectos en tres categorías (A, B, y C), la empresa asegura que los efectos de menor relevancia en el 20% inferior son debidamente reconocidos y valorados por sus consecuencias. Las clases pueden distribuirse de la siguiente manera:

La Clase A se compone de aquellos clientes que conforman el 20% de la base total de clientes y generan el 80% del volumen de ventas.

Para la categoría B de clientes, se observa que el treinta por ciento de estos corresponden al quince por ciento del total del volumen de transacciones comerciales.

La categoría C de clientes comprende el 50% de la base de clientes pero contribuyen solo con el 5% del volumen de negocios total.

En este contexto, la clase B denota el área de potencial riesgo, donde una dedicación significativa de recursos tanto en términos de tiempo como de capital podría resultar interesante. Si bien Pareto no se enfocó en este aspecto, el modelo ABC de mayor precisión, proporciona la oportunidad de considerar las categorías intermedias.

La larga cola

El fenómeno de la cola larga es un concepto íntimamente relacionado con el principio de Pareto y sirve como un valioso complemento del mismo. Distribuya la cifra de ventas de una empresa entre sus diversos productos, incluyendo aquellos bienes individuales que, no obstante, constituyen una porción significativa de dicha cifra de ventas. Estos últimos se caracterizan por:

Una baja tasa de ventas para un producto específico.

"Una cantidad significativa de productos específicos (generalmente superior al 80% del total de productos)".

En el contexto de una librería, los bienes de baja rotación se refieren a un conjunto de publicaciones que se venden en cantidades limitadas durante el transcurso de un año. Dados los costos asociados y las limitaciones de espacio relacionadas con su almacenamiento, es inviable que un librero ofrezca exclusivamente estos libros para la venta. Por lo tanto, resulta imperativo enfocarse en comercializar aquellas obras de éxito comprobado, tales como los best-sellers, con el propósito de lograr un equilibrio en el balance financiero.

La conexión con el principio de Pareto reside en el hecho de que, en este caso, una minoría de artículos representa la mayoría de las ventas. De este modo, un establecimiento comercial de naturaleza convencional debe enfocarse en dichos productos. Sin embargo, los portales electrónicos dedicados al comercio presentan una situación atípica.

¿Sabías que...?

El comercio en línea, asimismo conocido como e-commerce, posibilita la reducción de los gastos de almacenamiento de los productos: por lo tanto, no se requiere su exhibición en una tienda física y en la mayoría de las situaciones, no es preciso almacenarlos en una bodega. Los vendedores en línea pueden, así, ampliar el espectro de sus ofertas, abarcando una gama más diversa de productos. El comercio electrónico también permite la expansión de la esfera de influencia de uno a un costo reducido.

En contraposición a la estrategia de la ley de Pareto, la cual se enfoca únicamente en el 20% más significativo, el modelo de la larga cola aplicado al comercio electrónico permite considerar el 80% restante debido a que los costos adicionales involucrados son mínimos y el retorno de inversión es significativo. La empresa Amazon proporciona un buen ejemplo de cómo aprovechar la estrategia de la larga cola. En calidad de plataforma de comercio electrónico, la empresa es capaz de ofrecer un variado catálogo de obras que, hasta entonces, resultaban arduas de hallar en establecimientos comerciales convencionales. Su caso evidencia de manera inequívoca los umbrales impuestos por la Ley de Pareto. Ha obtenido beneficios de los recientes avances en tecnología de la información, en particular, la expansión de Internet, lo que demuestra la potencialidad de que las empresas puedan explorar oportunidades en un espectro más amplio de productos, más allá del grupo de artículos más vendidos que conforman el 20% de sus operaciones.

Determinar La Jerarquía De Precedencia

—

"Si persigues dos liebres a la vez, no atraparás ninguna". - Proverbio ruso.

Con frecuencia nos encontramos con el axioma "En la vida, todo se reduce a prioridades" a lo largo del transcurso del día ¿no es cierto?

¿Debería invertir los fondos obtenidos gracias al galardón en adquirir prendas, en viajar, o en la educación del menor? ¿Sería apropiado aceptar la promoción laboral en cuestión, percibiendo una remuneración más generosa, o sería preferible declinarla con la finalidad de dedicar más tiempo a los seres queridos?

A lo largo de nuestra existencia, tomamos decisiones al seleccionar ciertos aspectos y desechar otros mediante la gestión de tareas prioritarias mientras aplazamos labores que pueden ser pospuestas. En última instancia, a lo largo de nuestra existencia nos dedicamos a establecer aquellas cuestiones que consideramos primordiales.

Aplicado a la consecución de objetivos, esto se podría resumir de la siguiente manera: ¿De qué serviría trazar un plan perfecto si no se apoya en un marco de priorización adecuado?

Es evidente que en toda estrategia bien diseñada, hay ciertos elementos que cobran mayor relevancia que otros. En efecto, existen distintas áreas de importancia dentro del tema en cuestión, algunas con mayor relevancia que otras y algunas completamente irrelevantes. ¿Estamos de acuerdo?

En consecuencia, si el propósito es elevar el nivel de productividad, resulta plausible concentrarse prioritariamente en las actividades de mayor relevancia y posponer aquellas que no lo sean.

Para lograr este objetivo, la clave está en cambiar de mentalidad. Modificar la perspectiva con el propósito de mantener el enfoque en el objetivo propuesto.

Supongamos que nos encontramos en un periodo de evaluaciones finales. Es necesario que estudies las asignaturas de matemáticas, lengua y música. Teniendo en cuenta que tienes programada la evaluación de matemáticas para mañana, convendría que dedicaras un tiempo para revisar los conceptos a fin de despejar cualquier incertidumbre. En su lugar, opta por enfocarte en el estudio de la lengua, ya que el examen correspondiente no se llevará a cabo sino hasta transcurridos quince días. Luego procedes a descargar música de YouTube. ¿Resultado? Matemáticas suspendidas.

El error radica en el hecho de que, la mayoría de las veces, tendemos a confundir la noción de 'ser productivo' con 'realizar una multitud de tareas'. Indubitablemente, las circunstancias no operan bajo tal esquema... más bien muestran una tendencia opuesta.

La noticia desfavorable radica en el hecho de que, hasta el momento presente, ha permanecido usted viviendo bajo el influjo del procedimiento automático. Se restringía a la realización de un inventario de tareas siguiendo un criterio de priorización preestablecido:

Realizaré esta acción debido a que es un asunto que me preocupa profundamente y si no lo abordo, me causaría una incomodidad significativa.

Me dispongo a realizar esta acción debido a que me brindará una satisfacción inmediata.

Procederé a realizar esta acción en virtud de la solicitud de mi superior jerárquico, mi colega o terceros interesados.

La falta de planificación y la ausencia de un orden de prioridades pueden obstaculizar el logro de objetivos concretos. Es necesario implementar una estrategia clara y precisa para alcanzar con éxito diversas metas.

La noticia favorable es que actualmente posees un proyecto de vida. Conoces claramente cuál es tu perspectiva a largo plazo, la finalidad que te guía y los logros que te has propuesto alcanzar. Mediante este enfoque, podrás efectuar una jerarquía de prioridades basándote en su grado de importancia.

En primer lugar, priorice los elementos que tengan mayor importancia PARA USTED.

Después de terminar las tareas esenciales que son cruciales PARA USTED, asigne el tiempo restante a otras actividades según su jerarquía personal de importancia, comenzando con las más críticas. Por tanto, al reducir tus actividades, experimentarás una mayor eficiencia y productividad en tu desempeño laboral. Se trata de una cuestión elemental de priorización adecuada.

Es importante siempre tener presente que el objetivo primordial es el de mantener la productividad. Resulta infructuoso empeñarse (o inútil, dependiendo de la perspectiva), en acometer numerosas tareas, muchas de las cuales carecen de trascendencia, si al final no se consigue alcanzar lo fundamental.

El quid de la cuestión está en no considerar las cosas aisladamente, sino valorarlas como un todo y tomar decisiones en base a un orden jerárquico: primero las matemáticas, luego la historia, la física y finalmente el lenguaje. Descargaré música en un momento futuro debido a que es necesario establecer prioridades con diligencia.

Aprender A Decir No

La principal justificación para adquirir la capacidad de denegar las solicitudes de terceros es el incremento en la eficacia del desempeño individual. Si usted es alguien que tiene la inclinación de acceder a la mayoría de las solicitudes que le hacen, se percatará de que no logrará llevar a cabo tareas porque le será difícil concentrarse en una tarea específica, resultando abrumado con una cantidad inmensa de tareas por hacer, lo cual afectará negativamente su productividad.

Posiblemente, ésta sea la estrategia más sencilla para mejorar su productividad, ya que solo requiere el uso del término "no". No obstante, la simplicidad no resulta una tarea sencilla en ocasiones, especialmente cuando se deben emitir negativas a individuos y, con ello, tal vez generar desilusión. A continuación, se presentan algunos métodos eficaces para adquirir habilidades para expresar una negativa con mayor comodidad ante terceros.

La regla de los cinco segundos

Tal y como se abordó en una previa sección, adherirse a la regla de los 5 segundos puede en extremo beneficiar al individuo en cuanto a la disminución de la procrastinación y el mejoramiento en los niveles de productividad. Como recordatorio, es significativamente más difícil realizar una tarea si uno espera más de cinco segundos antes de actuar.

En lo que respecta a la adquisición de la habilidad para negarse, es fundamental que usted se desprenda de las preocupaciones y temores con respecto a las posibles repercusiones en la otra persona, y proceda a hacerlo sin titubear. Es responsabilidad del individuo asegurarse de llevar a cabo sus propias tareas antes de comprometerse con proyectos y solicitudes de terceros. Por consiguiente, cuando se enfrenta a la necesidad de negarse a algo, por favor, hágalo sin titubear y dentro de los primeros cinco segundos desde que se presentó la solicitud.

Sea un objeto de forma rectangular con una superficie exterior revestida de tela de terciopelo.

Tener una postura firme internamente y una presencia gentil externamente se puede describir como la cualidad de ser como un objeto de ladrillo envuelto en terciopelo. En síntesis, el ser un ladrillo forrado de terciopelo le confiere la habilidad de comunicar información compleja de forma que se reduzca al mínimo la probabilidad de causar daño emocional a la audiencia.

Tomemos como ilustración la situación en que un colega le solicita colaboración para elaborar un informe a presentarse al jefe en un plazo de una hora; no obstante, usted debe culminar sus propias tareas. En lugar de negarse abruptamente, puede manifestar su situación en tono cordial pero resuelto. Con todo el respeto, lamento informarle que también debo completar un informe para mi superior antes de la hora del almuerzo. Aunque me gustaría brindarle mi ayuda, lamento informarle que esto conllevaría un retraso en mis tareas. Lamento profundamente informarle que esta vez debo declinar.

Al comunicar de manera delicada a su colega que no puede ayudarlo en este momento, usted transmite con amabilidad que está comprometido con las responsabilidades de su propio trabajo, sin embargo, reconoce el valor y potencial colaboración que se puede establecer en el futuro. No obstante, es importante tener en cuenta que un tono de voz suave conlleva la suavidad de respuestas que pudiesen resultar difíciles.

Procure conocer a aquellos que se oponen a usted.

Lamentablemente, ciertas personas poseen una habilidad destacada en el empleo de técnicas de manipulación y coacción emocional con el fin de obtener del prójimo una conducta específica a su conveniencia. Sin importar si lo hacen de manera intencionada o no, es imperativo que usted sea capaz de defenderse ante cualquier intento de manipulación o chantaje emocional que pudiera tentarle a aceptar demandas a expensas de su propia eficiencia y desempeño personal. El incremento de la conciencia acerca de distintas técnicas de manipulación, utilizadas por otros individuos, le permitirá desarrollar una habilidad superior en el arte de negación.

Lánzala de vuelta

Una de las formas más efectivas de denegar una solicitud sin negarla de manera explícita es inducir a la persona a reconocer la responsabilidad por las posibles consecuencias de una respuesta afirmativa. ¿Cómo funciona esto? Supongamos que su colega de trabajo le solicita insistentemente que lidere un proyecto que se le ha encomendado para los próximos días, ya que necesita ausentarse por algunos días. En vez de perseverar en solicitar una respuesta negativa en un tono exasperado, podría negar la solicitud con una respuesta afirmativa como por ejemplo: "Está bien Tom, estaré encantado de ayudarte." No obstante, a fin de llevar a cabo dicha tarea, sería necesario aplazar el trabajo en uno de mis proyectos clave de la presente semana, lo cual podría ocasionar que la presentación de la cartera de proyectos se retrase significativamente y, por tanto, resultar en una situación disonante. En cuál de mis proyectos sugieres que debo abandonar para satisfacer tus necesidades?"

Sólo aquellos individuos que carezcan de sensibilidad psicológica, y por consiguiente, de prudencia y raciocinio, serán incapaces de advertir tal cosa y actuar de forma apropiada. En caso de que exista una remota probabilidad de que la persona responsable de la molestia sea la mencionada, le sugiero que recurra a la estrategia de los 5 segundos y proceda a retirarse.

Sprints, roles y actividades ágiles.

Para implementar los principios antes mencionados, se realizan acciones específicas, conocidas como actividades; en esta adaptación en particular, se han reducido a tres:

Reunión para la sesión de planificación del sprint

Conferencia cotidiana para la programación de las responsabilidades

Reunión semanal de retrospectiva

Teniendo en cuenta el Principio II, cada una de estas actividades tiene una duración recomendada que es específica y se puede adaptar a situaciones individuales y niños, asegurando que las modificaciones realizadas se mantengan al mínimo. Asimismo, cada uno de ellos conlleva pasos específicos que están diseñados para ser fácilmente recordados y replicables por los niños. Posteriormente, se detallarán de manera exhaustiva y minuciosa cada una de ellas.

El organizador a cargo del menor o facilitador se encarga de coordinar completamente todas las actividades, no obstante lo hace en colaboración con el menor, en plena observancia con el Principio IV.

Qué es un sprint

Este es un término significativamente crucial derivado inicialmente del ámbito de los deportes (rugby) y delinea con precisión el núcleo de las prácticas ágiles: el tiempo máximo delineado para medir el progreso dentro del cual se llevan a cabo todas las actividades.

Un sprint constituye un instrumento indispensable para medir el tiempo. Considerando que un infante se encuentra sujeto a límites preestablecidos en cuanto a su periodo de aprendizaje, tal como un año académico, se torna inviable aplicar el mismo enfoque de sprint utilizado en el desarrollo de software. Sin embargo, es factible obtener plenamente todos los beneficios que conlleva la división del tiempo de forma constante y regular.

¿Cuál es la aplicación de esta metodología en el contexto de las prácticas ágiles? El niño y su tutor legal seleccionarán un lapso de tiempo determinado para llevar a cabo las actividades, seguido de una evaluación exhaustiva al final para medir la efectividad del período establecido y determinar qué estrategias pueden implementarse para mejorar los resultados futuros. La elección más idónea sería optar por un sprint de una semana de duración. Sin embargo, en aquellos casos en los que se requieran tareas más extensas o complejas, o en cursos con una menor frecuencia de sesiones, podría considerarse una duración de dos o tres semanas como una alternativa viable y apropiada.

En mi experiencia personal, opté por una duración de una semana por ciclo de actividad junto con mi hijo, y los resultados fueron óptimos. Si bien carezco de una referencia confirmatoria, considero que extender un sprint por más de dos semanas resultaría poco beneficioso debido a que resulta crucial medir el progreso y evitar que las experiencias se diluyan en otras. De lo contrario, se debilitaría el Principio V.

Los puntos más destacados a tener en cuenta son:

Un sprint constituye la unidad de tiempo más pequeña dentro de un período escolar o académico, destinada al cumplimiento de las funciones asignadas. Se puede observar que esto representa una técnica para segmentar el tiempo en períodos más prácticos con el fin de facilitar la organización y planificación en una forma más efectiva, tangible y realista. Resulta evidente que un año completo es un plazo demasiado extenso, a la par que un día es insuficiente.

Es recomendable establecer una duración definida para el periodo de trabajo y mantenerla constante a lo largo de todo el desarrollo del proyecto. Sólo tras la demostración de su ineficacia, se puede optar por cambiar a un marco temporal más adecuado. Una vez seleccionada la opción, es necesario mantenerla en todo momento.

El rol del facilitador

El infante llevará a cabo todas estas actividades en colaboración con un adulto designado como facilitador, cuya función principal consistirá en promover la priorización de tareas y evaluar el rendimiento esperado. Se sugiere que se considere a un familiar cercano, especialmente a uno de los progenitores o a un educador, como posible candidato. Sin embargo, es esencial que se mantenga la consistencia en todo momento. En caso de que se produzcan cambios en las personas designadas para asumir dicho papel, se debe establecer claramente desde el principio quiénes serán dichas personas, cuáles son las razones para su elección y cómo se llevará a cabo la rotación. Bajo ninguna circunstancia se debe permitir que el infante experimente modificaciones en cuanto a cómo se lleva a cabo la comunicación o las prácticas. La constancia y el cumplimiento riguroso de los plazos y procedimientos son aspectos fundamentales que deben ser atendidos con especial atención.

El facilitador ocupa una posición destacada de importancia. Las responsabilidades asignadas deben ser las siguientes:

Evaluar el avance del infante en términos de éxito en el logro de objetivos diarios y semanales.

Recopilar todas las inquietudes y obstáculos del menor para su pronta resolución.

Mantener y perfeccionar de forma incesante las prácticas ágiles (Principio II)

Es imperativo monitorear y asegurar que la duración de las tareas asignadas no exceda el balance diario requerido, según el Principio IX.

"Convocatoria para la reunión de planificación del ciclo de trabajo".

Ocurre al comienzo de cada sprint, generalmente un lunes, y tomará un máximo de 1 a 1,5 horas. Dado que a los niños se les asignan tareas diarias, es imprescindible integrar esta actividad con la planificación diaria para evitar programar dos reuniones el mismo día.

El objetivo principal es permitir que el niño identifique lo que necesita para organizar de manera efectiva sus tareas dentro de un marco de tiempo específico y colaborar con el facilitador en el desarrollo de estrategias para administrar de manera efectiva las tareas futuras. Si la persona en cuestión es un maestro, puede elaborar las metas semanales, los materiales que se revisarán y cualquier detalle o información pertinente que pueda ayudar a organizar y completar las tareas diarias. Si el facilitador es un padre o familiar, puede solicitar esta información a los maestros con anticipación y discutirla durante esta reunión.

Esta reunión reviste gran trascendencia, ya que marca el arranque del sprint y da inicio a un nuevo desafío. Resulta imperativo fomentar la motivación y afianzar la organización intrínseca del menor. Es imperativo destacar que en caso de que no se disponga de información adicional para comunicar, la sesión debe ser reorientada para reforzar y repasar las actividades ágiles y asegurar que su aplicación sea plenamente consolidada.

Generalmente, los menores de edad acostumbran a no mantener la concentración en una única actividad durante prolongados períodos de tiempo. Por lo tanto, es necesario tener en cuenta este fenómeno para evitar la prolongación innecesaria de la reunión y no perder la valía de la inauguración del nuevo ciclo.

Resultados tangibles que se derivan de esta reunión:

Niño:

La lista de tareas ha sido revisada y reorganizada con una priorización actualizada para el día en curso.

Solicitamos que se nos proporcione un breve resumen presentado por el facilitador acerca del objetivo que se ha establecido para el sprint, lo cual debe incluir una lista detallada de los materiales, contenidos y cualquier otro elemento relevante que sea necesario considerar para el cumplimiento de las tareas o sesiones programadas en dicho sprint. Agradecemos su atención a este asunto.

Facilitador

Lista de necesidades o impedimentos descritos para el niño para cumplir con los deberes del día y de todo el sprint

Encuentro cotidiano para la coordinación y asignación de labores.

Cada día al comienzo de la jornada, se realiza una reunión entre el colaborador encargado y el infante, cuyo propósito principal es coordinar la agenda del día en relación a las tareas pendientes para entregar. El tiempo de duración aceptable para esta actividad es de hasta 30 minutos como máximo.

Generalmente, el conjunto de procesos indispensables se compone de los siguientes:

Revisar de forma conjunta todas las actividades que han sido asignadas al menor, incluyendo aquellas que requieren comenzar, las que se encuentran en proceso y aquellas que están pendientes de realizar. El facilitador dirige la secuencia en la que deben tomarse o revisarse, a fin de mantener la integridad del proceso. Por ejemplo, se sugiere proceder a la revisión del correo electrónico mediante la selección de los mensajes más antiguos en primera instancia, a fin de prevenir omitir algún mensaje.

Es necesario que el menor asigna períodos de ejecución, expresados en horas. El facilitador lo asistirá en la verificación de que no se asignen plazos inapropiados o poco factibles. Además, esta práctica resulta de gran ayuda para descomponer tareas de gran envergadura en segmentos más manejables, de acuerdo con los plazos establecidos para su entrega o cumplimiento. Resulta pertinente destacar que, si bien para los adultos constituye un desafío asignar lapsos de tiempo precisos a las tareas, resulta aún más complejo para un infante, por consiguiente, corresponde al mediador auxiliarle en la incorporación de márgenes de tiempo que le permitan reducir los retrasos, identificar cuando el infante está subestimando o sobrestimando una tarea, recordarle las interdependencias con otros individuos (otros menores, progenitores, etc.) y, en general, situaciones de las cuales el niño quizás no esté enterado y que conducen a futuras frustraciones por incumplimientos y resultados desfavorables.

El niño dará prioridad a cada una de sus tareas en función de sus respectivas fechas de vencimiento. El facilitador deberá garantizar el cumplimiento de las horas de trabajo diarias apropiadas y la finalización oportuna de todas las actividades planificadas.

En última instancia, se especifica el plazo de finalización o entrega para cada tarea, incluso para aquellas cuya entrega es programada para el mismo día.

Los resultados específicos de esta reunión son:

niño

La lista de tareas del día, que ha sido actualizada y priorizada.

Facilitador

Registro de los obstáculos o requerimientos planteados por el niño para la ejecución de sus responsabilidades diarias

Las tres consultas de la asamblea diaria.

En una reunión cotidiana de un proceso ágil, es fundamental abordar las tres interrogantes primordiales que rigen todo el quehacer:

¿Qué hiciste ayer?

¿Qué harás hoy?

¿Cuáles son los obstáculos o requerimientos que enfrentas al completar tus tareas asignadas para la jornada de hoy?

El facilitador es el individuo que plantea estas consultas, mientras que el niño responde realizando una evaluación de su progreso tangible y determinando cómo abordar el día siguiente. Además, el educador adquiere conocimientos sobre las adecuadas medidas de apoyo hacia el infante, entre las que se incluyen la posibilidad de que un progenitor brinde ayuda para la resolución de una dificultad, la colaboración de un compañero de clase en la finalización o contribución de una tarea colectiva, y otras circunstancias afines.

Como se indicó anteriormente, la totalidad de esta reunión gira exclusivamente en torno a estas tres preguntas y se abordarán en el siguiente orden. Los procedimientos explicados en la sección precedente constituyen una parte integral de la segunda interrogante: ¿Cuál es su plan para hoy? Resulta esencial su conclusión a fin de garantizar el logro de una reunión exitosa.

Una disparidad entre las reuniones diarias de las prácticas Scrum orientadas al desarrollo de software radica en el hecho de que los desarrolladores no se involucran en la planificación de sus tareas cada vez, ni asignan plazos y prioridades específicas. En el caso de los menores, sus responsabilidades y método de ágil gestión incluyen la asignación regular de tareas nuevas, las cuales deben ser evaluadas y clasificadas según su nivel de importancia dentro del período de entrega actual.

Es fundamental tener en cuenta el tiempo designado para esta actividad, y resulta imperativo hacer un esfuerzo por cumplir con ella diariamente, en consonancia con el Principio II. Durante este período de media hora, el facilitador también asume el papel de moderador, ayudando al niño a mantener el enfoque en los procesos de planificación concretos y postergando cualquier comentario irrelevante, conversaciones y otros asuntos que puedan hacer perder el tiempo y restar valor al objetivo de la actividad. Resulta pertinente destacar que el propósito no consiste en interrumpir la comunicación del infante durante la actividad, sino en canalizarla hacia los fines específicos de la reunión y destinar cualquier asunto secundario a horarios distintos a este propósito.

¿Qué Es La Ecuanimidad?

La disciplina filosófica nos instruye en la habilidad de afrontar con serenidad la adversidad ajena.

La definición ofrecida por Merriam-Webster describe ecuanimidad como un comportamiento mental equitativo y justo en condiciones de estrés que rara vez se ve afectado por una intensa tensión. Asimismo, se describe como la capacidad de controlar la agitación emocional o mental mediante la voluntad y el hábito, logrando una estabilidad emocional frente a situaciones de tensión.

La equidad es un precepto que se aborda con mayor énfasis en las corrientes budistas. La imparcialidad constituye el fundamento de la sapiencia, la autonomía, la empatía y el afecto. Muy pocas personas poseen la habilidad de expresar con una actitud imparcial sus puntos de vista que discrepen de las creencias prevalecientes en su círculo social. La gran mayoría de los individuos son, incluso, incapaces de constituir tales juicios de valor.

¿Cuál Es La Apariencia De La Ecuanimidad?

La ecuanimidad es un atributo que se refiere a la habilidad de mantener una actitud neutral, observando los acontecimientos desde una perspectiva distante y logrando mantener una postura de tranquilidad, sin llegar a verse influenciado por lo que se observa. Se trata de la habilidad de comprender plenamente el contexto en su conjunto, sin verse influenciado por factores como el lenguaje, la ideología, la perspectiva, la posición, la premisa o la filosofía de los demás. Fundamentalmente, no nos apropiamos de situaciones de manera personal; evitamos ser enredados en asuntos propios o ajenos que puedan generar conflictos.

La imparcialidad nos proporciona la capacidad de mantenernos en una posición neutra frente a un conflicto o una crisis, de modo que podamos permanecer equilibrados, asentados y centrados. La equidad posee las atribuciones de serenidad mental, bienestar, vigor, fortaleza y determinación. La cualidad de la ecuanimidad nos confiere el soporte necesario para mantenernos firmes ante los vendavales del conflicto y la adversidad, tales como la culpa, el fracaso, el dolor y el descrédito; fuerzas que nos hacen propensos al sufrimiento cuando comienzan a arreciar. La imparcialidad nos resguarda de verse perjudicados y nos conduce a mantener un estado de equilibrio.

¿Cómo Desarrollamos La Ecuanimidad?

Hay varias características tanto de la mente como del cuerpo que favorecen el crecimiento de la ecuanimidad. Uno es la integridad. La práctica de la integridad en nuestras acciones y palabras reafirma nuestra confianza. Mantener la integridad conlleva a sustentar una ecuanimidad que desencadena en la "inexistencia de responsabilidades" y la posibilidad de sentirse en absoluto confort en todo contexto o con cualquier conglomerado humano, sin requerir la búsqueda de errores o culpabilidades. Otro atributo que refuerza la ecuanimidad es la fe (no necesariamente de naturaleza religiosa o teológica), una fe basada en la sabiduría, la convicción o la confianza. Este tipo de fe nos permite enfrentar los desafíos, las crisis o los conflictos de frente con confianza y ecuanimidad. Un tercer atributo pertenece a una mente bien cultivada que refleja cualidades de estabilidad, equilibrio y fortaleza. La formación de dicha mente se logra mediante una rigurosa y continua práctica de centrar la atención, concentrarse y mantener la conciencia plena. Una mente ecuánime y bien cultivada nos impide sucumbir a los vientos de conflicto y crisis.

Una cualidad que respalda la ecuanimidad es la capacidad de percibir la realidad objetivamente, reconociendo, por ejemplo, que el cambio y la impermanencia son realidades ineludibles y desagradables. Experimentamos un distanciamiento o una reducción de nuestra fuerte conexión emocional con nuestros objetos de afecto. Esto implica renunciar a cualquier juicio negativo sobre nuestra experiencia y reemplazarlo por una actitud imbuida de bondad, amor o aceptación, y una sobriedad compasiva. A medida que nos distanciamos más, nuestra experiencia de equanimidad se profundiza significativamente. El último atributo es renunciar a nuestra disposición reactiva y simplemente presenciar y observar sin enredarse en medio de la refriega. Es imperativo que mantengamos un estado estable y relajado dentro de nuestro ser físico mientras atravesamos estas sensaciones.

Por consiguiente, la ecuanimidad presenta dos aspectos clave: la capacidad de reflexión y un equilibrio interno, que favorecen la atención, la vigilia y la conciencia del individuo. Conforme incrementamos el grado de atención, aumentará nuestra capacidad para mantener la ecuanimidad. A medida que nuestra ecuanimidad se cultive, aumentará nuestra aptitud para perseverar en un estado de firmeza y equilibrio mientras sorteamos las turbias corrientes y vientos impetuosos del cambio, desafío y confrontación.

¿Qué sucede cuando estamos desequilibrados y hay falta de ecuanimidad?

En el mundo físico de nuestra rutina diaria, cuando perdemos la estabilidad, experimentamos una caída. En nuestro reino emocional, tendemos a reprimir o reaccionar a nuestros sentimientos y emociones, los cuales son almacenados en nuestra psique. Cuando nos identificamos con un pensamiento, sentimiento o emoción en particular, tendemos a aferrarnos a él en vez de permitir que se desenvuelva naturalmente y fluya como una nube en el cielo.

La noción de equilibrio se relaciona con la ecuanimidad, la condición de ausencia de intervención.

La imparcialidad posibilita una vivencia más profunda y gratificante. A medida que incrementamos nuestra competencia en la habilidad de mantener una actitud imparcial, podemos empezar a distinguir cuando entramos en un estado de ecuanimidad. Teniendo plena conciencia de nuestra experiencia, podemos indagar en nuestro estado presente y esta práctica propiciará una mayor frecuencia y profundidad en la consecución de estados de ecuanimidad. El resultado obtenido mediante la aplicación de dicha técnica demuestra que aquellos individuos, eventos y situaciones que solían provocar reacciones emocionales adversas han perdido su potencial y, en consecuencia, nuestra capacidad de liberarnos y experimentar malestar se ha reducido significativamente.

Un viaje hacia un futuro próspero.

Se realizó una entrevista al fundador de la empresa de renombre internacional IBM, en la cual se le cuestionó acerca del factor determinante del éxito tanto de su compañía como de su trayectoria como emprendedor. A lo que respondió:

Inicialmente, concebí un modelo mental de la empresa de mis sueños, delineando sus características fundamentales y atributos clave. Contemple su envergadura, la cantidad de empleados que conformaban la plantilla, su cartera de clientes, su volumen de facturación anual, así como sus relaciones con colaboradores estratégicos, entre otros aspectos relevantes.

En segundo lugar, me planteé la indagación acerca de las expectativas que rigen el comportamiento de la compañía anhelada en el porvenir. Entre las cuestiones relevantes a discernir, se encuentran los principios y valores que conforman su enfoque corporativo, el desenvolvimiento operativo que se espera, el tipo de comunicación que se establece con los clientes, así como el comportamiento que se espera del CEO hacia el personal.

Finalmente, decidimos con el equipo ejecutivo comportarnos "como si" ya fuéramos esa empresa. En otras palabras, cada día desarrollamos una estructura y funcionamiento para el futuro, mientras nos encontrábamos en el presente. Compararíamos nuestro progreso real semanalmente con el resultado ideal proyectado. De esta manera, se procedió a subsanar las discrepancias existentes, logrando una aproximación progresiva del objetivo hasta alcanzar y superar a dicha visión.

El equipo de IBM demostró una estrategia clara. Efectuaron un periplo hacia el óptimo futuro con el propósito de examinarlo minuciosamente. Posteriormente, retornaron al presente y procedieron en similitud con aquella visión, generando de tal modo, el futuro mencionado. La declaración de Peter Drucker imparte la valiosa idea de que uno no solo puede anticipar sino también dar forma a sus próximas circunstancias: "La mejor manera de predecir el futuro es crearlo".

La acción realizada por IBM puede ser ilustrada mediante un gráfico simple, pero de gran impacto visual:

La capacidad de proyectar y tener una visión clara es lo que distingue a una empresa y al emprendedor de excelencia. Resulta imperativo proyectar nuestra imagen en ese porvenir a fin de seleccionar nuestra identidad futura, y comprender hacia qué dirección debemos evolucionar desde el presente. Ahora que se ha dado este importante paso, podemos determinar cuándo asignamos o invertimos nuestro tiempo, lo cual se abordará en los pasos posteriores. De acuerdo con la ley universal de causa y efecto, nuestras acciones óptimas, proyectadas en cualquier momento, invariablemente nos conllevarán hacia ese mismo objetivo óptimo.

Por ejemplo, si mi aspiración y proyección es convertirme en el Director Ejecutivo de una gran corporación, debo hacer mi proyección para determinar quién es esa persona. Indagaré acerca de las perspectivas, actuaciones y habilidades predominantes del director, así como de su relación con el equipo de trabajo, entre otros aspectos relevantes. Posteriormente, llevaré a cabo una reflexión acerca de mi identidad actual y de mi comportamiento. Es probable que la persona del porvenir difiera de la actual, motivo por el cual emplearé mi tiempo en transformarme en ese individuo, adquiriendo mayores conocimientos en el ámbito de la gestión de equipos, entre otros aspectos.

Si pretendo encontrar el amor de mi vida, haré una proyección de la persona ideal, identificando minuciosamente sus características físicas, rasgos de personalidad, mentalidad, situación económica, aficiones y preferencias. Fundamentalmente expondré mi definición de lo que deseo. Después realizaré un análisis exhaustivo para determinar si poseo las características apropiadas para establecer una relación de pareja con el ser amado. En caso contrario, dedicaré mi tiempo a mejorar y cultivar las cualidades necesarias para ser un excelente partido a su lado. Sin duda alguna, trabajaré diligentemente para mejorar mi condición física y económica, así como buscaré lugares adecuados para establecer relaciones que puedan contribuir a mi progreso.

Considero que la noción ha sido plenamente comprendida. Es crucial considerar no solo mis propias aspiraciones, sino también las demandas que el porvenir nos impone a cada uno de nosotros.

En mi opinión, este capítulo reviste una importancia singular, dado que si no aclaramos nuestros objetivos de futuro, y si no definimos lo que se entiende por éxito, corremos el riesgo de vivir en un estado de fracaso permanente. Por consiguiente, solicito enfáticamente que dediques el tiempo necesario (convencido como estoy de que será una inversión provechosa) en llevar a cabo las siguientes acciones...

Ejercicio:

En el cuaderno que te sugerí que poseas, por favor, realice las siguientes tareas. Para ello utiliza al menos 7 minutos por cada punto.

¿Qué es lo que valoro y aspiro hoy, que seguiré deseando dentro de 10 años?

Si se escribiera un libro sobre mí después de mi muerte, ¿cuál sería el título de la obra?

Establezco/defino mi propósito.

El propósito es aquello a lo que nos sentimos llamados a hacer. No se trata meramente de un anhelo o una meta. Un objetivo se logra y se considera cumplido, tal como el propósito de conocer Noruega o el de obtener ganancias mensuales de $10.000 dólares. El propósito es una forma de vida que nos acompaña permanentemente, que no se cumple ni se acaba, sino que se promulga y se encarna, día a día.

Durante un lapso de tiempo de 10 minutos, estableceré un listado de deseos y anhelos que conformarán un inventario personal de mis aspiraciones. Permita la libre manifestación de su imaginación, sin restricciones más que las determinadas por su propio deseo.

De dicha lista de elementos, selecciono seis objetivos siendo estos de suma importancia para mí. Lo ideal sería asignar tres a corto plazo, dos a mediano plazo y uno a largo plazo.

"¿Qué es lo que actualmente me impide lograr cada uno de estos objetivos?" (tono formal)

He desarrollado un plan de acción que identifica los principales hitos que son necesarios para alcanzar cada una de mis metas.

Si considero una de mis metas como la expansión de la línea de productos en mi negocio, es probable que me encuentre con el obstáculo de no contar con los socios apropiados para facilitar el crecimiento de la gama de productos. Como resultado, un hito fundamental en mi plan de acción implicaría llegar a 20 empresas dentro de mi industria para evaluar su interés en establecer asociaciones estratégicas.

Yo llevo a cabo la misma actividad que el fundador de IBM implementó previamente, según se describe anteriormente. Yo mismo me encargo de realizar esta tarea tanto en mi carácter personal como a nivel empresarial.

Prevenir Los Fallos En La Gestión Del Tiempo.

A muchos individuos les resulta difícil adoptar el hábito de la planificación, justificando su postura en la creencia de que sus esfuerzos serán infructuosos. Ese constituye el error de mayor magnitud que podríamos cometer.

Los asuntos de importancia generalmente no exigen una respuesta inmediata ni representan una urgencia. Son las cuestiones prioritarias las que demandan nuestra atención y nos ejercen presión. Verdaderamente, muchas de las cuestiones que se perciben como urgentes solamente ostentan una apariencia de tal naturaleza.

Si encuentra que el tiempo se le escapa de las manos y necesita una mayor productividad personal y/o profesional, le recomiendo seguir varias pautas a la hora de planificar para tomar el control de su vida:

1. Crear sistemas que funcionan. Para hacer un mejor uso de su tiempo en su negocio o emprendimiento, deberá crear sistemas de flujo, que funcionen bien dentro de su trabajo.

Es fundamental implementar una metodología de sistematización y organización a fin de garantizar una gestión eficiente de los procesos, asegurando que éstos se enlacen de manera ágil y secuencial, evitando cualquier tipo de demora en la consecución de objetivos. Evite reiniciar su trabajo cada vez que deba emprender una nueva tarea de creación.

2. Desarrollar soluciones de automatización para administrar las actividades recurrentes. Esto abarca toda modalidad de soporte que pudiere

emplearse, en tanto en papel como mediante tecnología digital, en la ejecución de labores al interior del entorno empresarial.

Es imprescindible asegurarse de tener a disposición un suministro adecuado y fácilmente accesible en todo momento. Emplee un calendario, ya sea de forma electrónica o impreso, con la finalidad de no extraviar ningún compromiso o cita.

Es factible contemplar fácilmente las circunstancias que puedan ocasionarle fatiga y todas las tareas cotidianas que requiere realizar con un simple vistazo.

Esto puede ser útil para alcanzar el éxito en su estrategia cotidiana tendiente a conseguir un rendimiento óptimo. Se recomienda encarecidamente mantener un escritorio ordenado, mantener los documentos clasificados y organizados de manera adecuada, y asegurarse de tener los elementos más frecuentemente utilizados en el negocio disponibles en un lugar accesible.

3. Formulación de un calendario de pausas oportunas y adecuadas. Los especialistas en el área del sueño sugieren que un adulto promedio debe asegurarse de dormir al menos 8 horas en cada noche.

Este factor contribuye al correcto funcionamiento y a la alta productividad de los mismos.

Como emprendedor, es necesario que programe adecuadamente la cantidad de horas de sueño necesarias para garantizar una productividad óptima.

La cantidad varía entre los individuos y debe depender de sus respectivas necesidades. Es necesario que permita que su cuerpo goce de descanso y realice una evaluación de las condiciones óptimas de su funcionamiento.

Existen individuos que precisan de ocho horas de sueño, mientras que algunos pueden requerir más y otros menos. Solamente el cuerpo de uno posee la respuesta y es imperativo prestarle atención a fin de entenderla.

4. Fomentar el crecimiento de sus aptitudes comunicativas. La competencia y confianza que expresa en su capacidad de comunicación resultan esenciales para maximizar el potencial de su empresa.

Es imprescindible que posea habilidades tanto en la comunicación oral como en la escrita, con el propósito de comunicarse de manera efectiva.

Si realmente está dispuesto a tener un negocio en línea y trabajar desde cualquier lugar, entonces debe comprometerse significativamente a mejorar continuamente sus habilidades de comunicación oral y escritura a través del aprendizaje activo y la aplicación práctica.

Le aseguro que mediante esta práctica podrá optimizar su tiempo y conseguir una carrera altamente exitosa.

Delegar responsabilidades de gestión con el objetivo de alcanzar el éxito.

La asignación de tareas y responsabilidades a otros miembros del equipo resulta crucial para optimizar la eficiencia del uso del tiempo en la ejecución de labores. La eficaz capacidad de delegación permite al empresario gozar de la libertad y flexibilidad para abordar otros proyectos.

Para maximizar su tiempo, se recomienda que establezca un cronograma realista y un plazo factible para cualquier tarea delegada y distribuida.

Es importante garantizar que la asignación de tareas se realice de manera imparcial y equitativa, y que se ajuste a las capacidades y disponibilidad de la persona a la que se le ha delegado la responsabilidad.

Es recomendable que se exprese de manera precisa y detallada acerca de las tareas a delegar con el objetivo de evitar posibles confusiones y de garantizar que se alcancen los objetivos planteados.

Al delegar, es imperativo ser explícito con respecto al propósito de la tarea que se delega y los resultados específicos anticipados. Es importante tener precaución al delegar tareas sin proporcionar instrucciones claras, ya que esta práctica puede resultar en una disminución de la calidad del trabajo, aumento del caos y confusiones, así como dificultades para lograr resultados óptimos.

En caso de que no disponga de suficiente tiempo para brindarle a la persona una declaración exhaustiva acompañada de instrucciones explícitas, será necesario que proporcione al menos los detalles esenciales de manera sucinta.

Quizá sea de su preferencia presentar la obra de manera solitaria con la finalidad de reducir la interacción, lo cual deberá ser explicitado en un inicio. Lo anterior contribuirá a prevenir eventuales equívocos en la presente tarea.

Es recomendable siempre otorgar a la persona designada para la tarea, la libertad necesaria en el desempeño de sus funciones creativas en el ámbito laboral. Simplemente ha de emprender la búsqueda y aguardar desenlaces de excelencia sin imponer instrucciones detalladas acerca de la manera en que el proyecto ha de ser llevado a cabo.

Focalizarse exclusivamente en monitorear al individuo encargado de llevar a cabo determinada labor podría generar graves disrupciones, puesto que tal enfoque contraviene por completo el propósito de la delegación y podría conllevar tensiones indebidas.

Elaborar un mecanismo para la obtención de información personalizada (por medios electrónicos o intermediarios) con el fin de monitorear el avance individual. Esto evitará la interrupción constante durante el día.

Le recomendamos que establezca un registro de fechas relevantes con el propósito de asegurar una retroalimentación periódica y oportuna.

Es esencial que mantenga una exhaustiva documentación de cada uno de los proyectos que ha delegado, y que actualice esta documentación regularmente conforme reciba retroalimentación. El presente procedimiento contribuirá en mayor medida a la agilización del proceso y a la gestión efectiva del tiempo.

Asegúrese siempre de otorgar reconocimiento y elogios cuando se completa con éxito una tarea o se resuelve un problema, en honor a aquellos individuos que desempeñaron un papel fundamental en la consecución del mismo.

Venciendo La Procrastinación

Si usted ha estado postergando de manera reiterada las tareas de importancia, tenga en cuenta que no se encuentra en una situación singular. En efecto, un gran número de individuos aplaza sus tareas en mayor o menor medida. La clave para manejar este hábito destructivo es reconocer cuándo comienza a posponer las cosas, comprender las razones subyacentes y tomar medidas proactivas para administrar su tiempo de manera eficiente. En resumen, la acción de postergar implica diferir la atención de tareas prioritarias a corto plazo a favor de actividades secundarias, lo cual puede resultar en una pérdida de eficiencia y productividad.

Venciendo la Procrastinación

Si se constata la reiterada postergación de tareas significativas, se puede afirmar que no se está en desventaja. In realidad, existe una gran cantidad de individuos que posponen sus acciones hasta cierta medida. La clave para manejar este hábito perjudicial es reconocer cuándo uno comienza a posponer las cosas, comprender las razones subyacentes y tomar medidas de manera proactiva para administrar mejor el tiempo. En términos simples, su conducta denota una tendencia a aplazar tareas prioritarias para enfocarse en otras de menor importancia en el presente.

Cómo vencer la tendencia a postergar las tareas

Por favor, siga las siguientes instrucciones para manejar y controlar efectivamente la tendencia a procrastinar:

Primeramente, es importante reconocer que estás aplazando tus responsabilidades.

Si se es honesto consigo mismo, es probable que se tenga consciencia de cuándo se está procrastinando. En este contexto se presentan algunos indicadores útiles para detectar la tendencia a la procrastinación.

Ocupar su jornada con tareas de menor importancia incluidas en su lista de tareas.

Revisar repetidamente los correos electrónicos sin proceder a su tratamiento o sin determinar el curso de acción correspondiente.

Al sentarte para comenzar una tarea que ha sido clasificada como de alta prioridad, te recomendamos evitar cualquier distracción y enfocarte directamente en el trabajo a realizar. Tomar un breve descanso para disfrutar una taza de café puede esperar hasta completar la tarea en cuestión.

Postergar la inclusión de un elemento importante en tu agenda de tareas por un período determinado.

En muchas ocasiones, se acepta llevar a cabo con regularidad tareas menores que nos solicitan otras personas, en detrimento de la dedicación que deberíamos otorgar a las tareas más relevantes que ya se encuentran en nuestra lista de pendientes.

Aguardando el momento propicio para abordar la importante tarea, cuando el ánimo sea el idóneo.

Segundo paso: Implemente estrategias efectivas para combatir la procrastinación.

El acto de procrastinar es un hábito, un patrón de comportamiento profundamente arraigado. Esto indica que no experimentarás una interrupción abrupta en tu progreso. La práctica persistente es la clave para abandonar los hábitos. Por lo tanto, se recomienda encarecidamente adoptar múltiples enfoques para mejorar las posibilidades de conquistar la procrastinación.

Diferentes sugerencias pueden resultar más eficaces según las habilidades y necesidades individuales, así como dependiendo del tipo de tarea que se esté realizando. En algún momento podría resultar necesario adoptar un nuevo enfoque para superar la tendencia a la procrastinación.

Estas recomendaciones universales te resultarán benéficas para fomentar la motivación y propiciar la actividad física:

Haz tus propias recompensas. Un ejemplo podría ser la autodeterminación de otorgarse una gratificación culinaria, como un exquisito flapjack, en el momento del almuerzo, siempre y cuando se haya culminado una tarea específica con éxito. Además, es importante destacar la satisfacción que se experimenta al concluir las tareas.

Solicite a otra persona que asuma la responsabilidad de supervisar su agenda y sus asignaciones de tareas. La dinámica del grupo puede ser altamente efectiva en la consecución de objetivos comunes. Este principio se ha observado en varias iniciativas, como los programas de adelgazamiento y los grupos de ayuda mutua, y ha sido ampliamente reconocido por su efectividad.

Por favor, señale las repercusiones negativas que podrían derivarse de no cumplir con la tarea correspondiente.

Realiza una evaluación del valor monetario de tu tiempo en función de tu empleador. Dado que tus empleadores te están retribuyendo por realizar actividades que ellos consideran esenciales, tu capacidad para proporcionar una contraprestación adecuada se ve comprometida en caso de que no lleves a cabo dichas tareas. Es deplorable no haber iniciado la acción oportunamente.

"Se recomienda hacer el esfuerzo de consumir un insecto del género escarabajo de gran tamaño a primera hora de la mañana, con regularidad diaria".

Es importante tener en cuenta que cuanto más tiempo se dedique a evitar la procrastinación, mayores serán las posibilidades de superar este hábito perjudicial de manera definitiva.

Ejecución De Objetivos Fundamentales

Comenzar A Implementar

Indudablemente, la fijación de objetivos puede ser un medio útil para materializar sus aspiraciones, sin embargo, no implica necesariamente una certeza de logros. Este fenómeno se origina debido a que un plan que no se ejecuta no es más que una mera conceptualización. No obstante, mediante una correcta ejecución de las medidas correspondientes en su plan, usted podrá constatar que las metas dispuestas resultan viables y factibles dentro de su alcance de realización.

Si uno está decidido a lograr el éxito, debe adherirse a esta fórmula:

El logro exitoso de los objetivos está indisolublemente ligado a la implementación de medidas estratégicas.

A continuación, se exponen los procedimientos adecuados para llevar a cabo la implementación de los objetivos previamente establecidos.

1. Con notable dedicación, se han establecido las metas que corresponden a su trayectoria, por lo que se sugiere aprovechar el esfuerzo invertido y perseverar en la realización de cada una de las obligaciones que conllevan. Al ejecutar rigurosamente sus planes, está avanzando un paso más hacia la realización de sus anhelos.

2. Lleve a cabo una sola acción a la vez. No existe justificación para la premura y siempre se cumple con veracidad el adagio que afirma que el afán es una pérdida de tiempo. Por lo tanto, le recomiendo que proceda con precaución, pero al mismo tiempo con

confianza. Al implementar un paso de manera efectiva, se puede alcanzar un resultado de mayor envergadura con menor probabilidad de retroceso, evitando la necesidad de corregir tareas fragmentadas.

3. Procure realizar un seguimiento constante de sus planes y, en caso necesario, efectúe adecuados ajustes a los mismos. Revise su avance para identificar las áreas pendientes y atenderlas inmediatamente. Mensualmente, se sugiere realizar una revisión retrospectiva de su rendimiento y efectuar mejoras pertinentes a medida que avanza en el cumplimiento de sus metas.

4. Por favor, mantenga su concentración y evite cualquier interrupción que pueda surgir. "Asegúrese de que cualquier acción realizada a lo largo del día contribuya de alguna manera en la consecución de sus objetivos".

Fundamentos Elementales De Organización

Organizarse

En consecuencia, la opción más recomendable sería la de emprender acciones por cuenta propia con el fin de distanciarse de las prácticas desfavorables de organización, e iniciar la adopción de hábitos óptimos de organización y gestión. Persista y continúe avanzando sin considerar las circunstancias momentáneas.

Observe y experimente el progreso para poder valorarlo debidamente. A continuación, se presentan las opciones a su disposición.

Es recomendable promover una acertada metodología para la clasificación y disposición de los elementos. Considere lo siguiente, durante nuestras compras cotidianas, solemos proceder a enumerar los productos que deseamos adquirir, con el fin de asegurarnos de no omitir ninguno. El principio mencionado también puede ser aplicado a la estructura organizativa. Es necesario enunciar los propósitos que se tienen para la disposición de la sala y definir las medidas pertinentes que se deberán adoptar con el propósito de alcanzar el desenlace apropiado. Al llevar a cabo esta acción, también es imperativo ejercer adecuadamente el discernimiento.

Desarrolle la costumbre de poner en orden sus pertenencias. Al planificar la organización de toda la vivienda, se sugiere comenzar por una habitación específica en cada ocasión. No debe permitirse sentirse abrumado por la expectativa de alcanzar un nivel de orden extremadamente elevado en su hogar o lugar de trabajo de manera inmediata, dado que dicha meta resulta inalcanzable. Quizás sería conveniente iniciar el proceso mediante la categorización de los elementos que resulten provechosos y aquellos que no tengan utilidad alguna.

En el evento de artículos de segunda mano, se sugiere la posibilidad de proceder con su venta, donación o disposición en lugar de mantenerlos en posesión. No debe apegarse a sus emociones; si estas no son funcionales, ¿cuál es el propósito de mantenerlas? El proceso de almacenamiento requerirá únicamente una cantidad limitada de espacio para los elementos utilizables correspondientes.

Implemente un eficiente sistema de almacenamiento. Elabore un plan sistemático que le permita mantener la gestión organizada en todo momento. Recomendamos utilizar elementos de almacenamiento como cajas, ganchos y armarios para mantener una organización adecuada de sus objetos personales. La acción subsiguiente consiste en etiquetar cada contenedor, disponer y montar ganchos únicamente en las áreas designadas y dividir los armarios grandes asignando un espacio individual para cada colección de artículos.

Finalmente, procure adoptar el hábito favorable de mantenerse enfoqueado en sus objetivos. Esto abarca adquirir la disciplina mental necesaria para concentrarse en el logro deseado. Contemplar la culminación exitosa de su empeño y experimentar la placentera sensación de realización que conlleva, lo incentivarán a persistir en su empresa.

Capitulo IV. ROMPIENDO PARADIGMAS

cuestiona sus fundamentos y aporta nuevas evidencias que lo desafían, lo que lleva a la creación de un nuevo paradigma." "Un paradigma se configura a partir de las pautas y prácticas arraigadas en creencias establecidas, aunque no siempre del todo verdaderas. En principio, un paradigma es considerado una certeza incuestionable, pero puede ser desafiado cuando se aportan nuevas pruebas que cuestionan sus cimientos, resultando en la creación de una nueva perspectiva que lo reemplaza." continúe haciendo lo mismo.

En aquel instante, iniciamos el proceso de desbloquear oportunidades en nuestras vidas, al comenzar a superar las limitaciones que nosotros mismos habíamos impuesto. Esto nos impulsó a tomar medidas concretas para vislumbrar un porvenir exitoso.

Más auspicioso en donde nos encontramos

Brinde una estabilidad emocional placentera a nuestros/as...

vidas.

Para desafiar un paradigma establecido, es necesario que sucedan ciertos eventos o circunstancias que permitan el surgimiento de nuevas ideas o perspectivas.

Encarar circunstancias en la vida que requieran coraje para emprender la ruptura. Permítanme compartir una de tantas experiencias que he tenido.

Uno de los paradigmas a los que me enfrenté fue haber contraído matrimonio, a pesar de no sentir el deseo de hacerlo. A pesar de ser consciente del adagio popular que expresa que "lo que Dios ha unido, que no lo separe el hombre", me vi obligado a tomar esa decisión. No obstante, tras hablar con la persona involucrada, me di cuenta de que había cometido un error.

Con tono enérgico, expresé mi intención de anular nuestro compromiso matrimonial, aún en caso de contraer nupcias en la iglesia, en caso de que no logremos una relación feliz. El interlocutor, de semblante risueño, manifestó su conformidad, si bien externó su convicción de que mi felicidad sería segura, y que, por ende, no habría necesidad de que atravesara la experiencia de un divorcio. Transcurrió un período de dos años durante los cuales no experimenté la felicidad con el hombre que me había prometido hacerme feliz con una certeza inquebrantable; por eso, cuando resolví romper con él, estaba aprensiva por la promesa de estar juntos en las buenas y en las malas, ante el Ser Divino, por el resto de nuestras vidas.

A pesar de mi fuerte adhesión a los principios religiosos, me asaltaban numerosos temores que se derivaban de la creencia de que uno simplemente debe aceptar su infelicidad y seguir adelante. Sin embargo, finalmente superé este paradigma y acepté la idea de que uno puede tomar medidas proactivas para alcanzar la felicidad.

De esta manera, para el resto de mi vida, me comprometí a cumplir una promesa que me había hecho a mí misma y convertirme en una esposa dedicada, reservada y dispuesta a aceptar cualquier eventualidad. Con éxito he logrado superar mis miedos y enfrentar la situación en su totalidad.

Sin embargo, en la actualidad, no lamento mi elección, ya que perseguí lo que me proporcionaba satisfacción.

Con el paso del tiempo, continué en mi búsqueda de satisfacción personal y tuve que persistir en romper paradigmas o leyes establecidas que no promovían mi sentido de bienestar. He tenido que implementar no solo una, sino múltiples medidas durante este período.

Cuando se está a punto de romper un paradigma, surgen miedos y aprensiones, lo que lleva a uno a sucumbir a la zona de confort y a perder una gran cantidad de tiempo, a menudo años. Es de suma importancia prestar atención a la noción de que el tiempo es un bien insustituible y abstenerse de permitirse ser víctima de tales tendencias. En ese momento, uno podría contemplar por qué permitieron que transcurriera tanto tiempo.

En la actualidad, se encuentra en proceso de recuperación con perspectivas limitadas de volver al estado anterior.

Estamos conscientes de que no nos agrada recibir comentarios del estilo de "

Nuestras imperfecciones. Sin embargo, creo que esto representa uno de los retos de nuestra vida: romper reglas o paradigmas que nos hacen sentir bien con nosotros mismos.

Otro aspecto a considerar es que aunque podamos cometer errores, necesitaremos desafiar los paradigmas existentes. Sin embargo, si esos paradigmas nos traen una sensación de satisfacción, debemos continuar, ya que de nada sirve demorarse si no conduce a la realización personal.

Les relataré mi experiencia tras haber obtenido la disolución legal de mi matrimonio. En ese momento, me llené de aprensión debido al estigma social predominante en relación con el divorcio. Mi familia, amigos e incluso conocidos, a quienes apenas conocía, comenzaron a señalarme con el dedo y juzgarme sin descanso. Como resultado, me sentí miserable y desanimado. A la edad de veintiséis años, finalmente me divorcié. Para ser sincero, era una persona muy tímida e introvertida, y cada pequeño obstáculo me llenaba de una intensa frustración.

Durante aquel tiempo, sucedió una anécdota en la que me encontraba presente. En aquel momento, me encontraba...

Desempeñando mi labor en una empresa del sector de la cosmética, fui asignada para promover nuestros productos en centros educativos, estableciendo comunicación efectiva con las madres de los niños para que, durante una de nuestras campañas, pudieran adquirirlos y obtener así ingresos para la escuela. En este contexto, enfrenté el desafío personal de superar el temor a hablar en público, logrando con éxito mi cometido.

A pesar de que la actividad se llevó a cabo públicamente, mis esfuerzos por persuadir a las madres de los niños no tuvieron éxito, lo cual me causó un sentimiento de desmotivación, aunque no fue suficiente para derrotarme.

Permítanme reiterarles que es crucial continuar avanzando y tomando medidas con firmeza en su recorrido por la vida. A lo largo de este camino, se enfrentarán a diversos paradigmas y obstáculos que habrán de superar; sin embargo, estos desafíos contribuirán a fortalecerlos en su trayectoria vital.

Consecuentemente, esta situación conduce a un aumento de la autoestima, lo que nos permite llevar a cabo nuestras aspiraciones a través de actos concretos. Consecuentemente, se logra proporcionar felicidad tanto a los demás como a nosotros mismos.

Otra de mis rompimientos con la vida es haber deseado un hijo no importándome el que dirán que si iba ser madre soltera tuve que romper leyes como el no casarme sentirte como una mujer sin escrúpulos aparte mi tiempo de crear un bebe se estaba terminando el ciclo de ser madre pese a todas esa adversidades lo logre tuve una hermosa nena dela cual no me arrepiento por haber sido una madre y logre otro de mis sueños al tomar acciones rompiendo reglas y paradigmas.

Desde el punto de vista financiero, creo que rompí el paradigma de que los negocios deben iniciarse con capital, ya que no fue así en mi experiencia.

Comencé el negocio con la ayuda de personas que me brindaron la oportunidad de adquirir mercancía con plazos de pago y, lo que es aún más valioso, su confianza. Si bien agradecí esas oportunidades, considero que mi error radicó en los cambios que se presentaron en estas empresas, las cuales dejaron de existir justo cuando mi negocio empezaba a funcionar, lo que representó otro obstáculo más en mi camino. Sin embargo, no me detuve ante estas adversidades y perseveré.

Otro ejemplo de ruptura de paradigmas es la innovación continua de nuevas estrategias, ya sean financieras, emocionales o sentimentales, en el día a día.

INNOVAR FINANCIERAMENTE:

Formulando innovadoras estrategias de comercialización orientadas a transformar paradigmas arraigados por mucho tiempo y que demandan una transformación.

INNOVADORES EMOCIONALES Y SENTIMENTALES:

De manera análoga, el reino de los sentimientos y las emociones sufre un cambio transformador cuando efectuamos un alejamiento de patrones antiguos, superando así una barrera sustancial y encontrando consuelo dentro de nosotros mismos.

Los invito cordialmente a continuar desafiando la sabiduría convencional dando pasos afirmativos y experimentando una sensación de bienestar.

Considero que es necesario adentrarnos en aspectos de nuestra vida que no hemos explorado anteriormente para identificar aquellas áreas en las que no hemos progresado y definir un nuevo rumbo. Es imprescindible romper los patrones establecidos y limitaciones del pasado, que aún inciden en nuestro presente, reflexionando cuidadosamente para garantizar que las acciones que emprendamos en el presente sean en beneficio de nuestro futuro.

A los nueve años de edad, sufrí la lamentable pérdida de mi padre. Como consecuencia, mi infancia y adolescencia se caracterizaron por una marcada inseguridad y el desarrollo de diversos miedos. Aunque aún persisten algunos de ellos hasta la fecha, me he esforzado incansablemente por superarlos. A pesar de las dificultades, he logrado avanzar en mi trayectoria y, aunque no de la manera en que hubiera deseado, continúo trabajando arduamente en pos de alcanzar mis metas y objetivos personales.

Conceder Prioridad A Aquello Que Reviste Verdadera Importancia.

Una narración concisa y tres ilustraciones prácticas para adquirir la habilidad de priorizar aspectos significativos de la propia vida.

Un profesor de filosofía se colocó frente a su clase y mostró varios objetos frente a él. En el momento en que el aula comenzó a estar en silencio, el individuo procedió a tomar un contenedor de gran tamaño, previamente vaciado de su contenido original de mayonesa, y comenzó a llenarlo con objetos esféricos de pequeño tamaño, específicamente pelotas de golf.

Posteriormente, el cuestionamiento fue dirigido a los discentes acerca del estado de llenado de la jarra, obteniéndose una respuesta afirmativa por parte de los mismos.

Luego, el profesor tomó un recipiente de gravilla y la vertió en el frasco de mayonesa. Con un suave movimiento, provocó el asentamiento de los guijarros en los intersticios existentes entre las aerodinámicas pelotas de golf.

El docente procedió a consultar nuevamente a los estudiantes sobre el llenado del frasco, y estos coincidieron en afirmar que se encontraba en su máxima capacidad.

El docente tomó posteriormente un recipiente de arena y lo vació, incorporándolo al frasco; ciertamente, el polvo mineral se extendió por toda la parte interna.

Interrogó sobre el nivel de llenado del frasco nuevamente, y los alumnos respondieron con sonrisas y una afirmación unánime."

Ahora", dijo el profesor en cuanto se calmaron las risas, "quiero que consideres este frasco como tu vida. Los elementos valiosos de la vida son las bolas de golf: la unidad familiar, la crianza de los hijos, el bienestar físico, las relaciones de amistad y los intereses personales; aquellos recursos que, a pesar de cualquier pérdida o adversidad, proporcionan plenitud y significado a nuestra existencia. Los guijarros representan otros elementos relevantes, tales como el desempeño laboral, la residencia y el automóvil... La arena representa todo aquello que no es esencial, es decir, las minucias.

Si se coloca arena en el frasco en primer lugar, se obstruirá el espacio disponible para la grava o las pelotas de golf. De manera análoga, en la existencia humana, si se dilapida la totalidad del tiempo y la energía en asuntos menores, no habrá lugar disponible para aquello que connota una gran trascendencia personal.

Preste debida atención a las cosas esenciales que contribuyen a su bienestar: dedique tiempo de calidad a sus hijos, deleite en la compañía de sus seres queridos tanto familiares como padres mientras están presentes en su vida; y deleite a su pareja con una salida a cenar... Y no solamente en momentos trascendentales, sino que se sugiere emprender actividades afines a los intereses y motivaciones personales, de tal manera que se disponga de tiempo para realizar tareas domésticas o para concertar encuentros. Priorice su atención inicialmente en las pelotas de golf y en asuntos que revistan importancia significativa. Establece tus prioridades... La porción restante consiste meramente en partículas de arena. "

Confío en que esta historia haya sido de su agrado. En caso de que hayas valorado el contenido y te haya generado un sentimiento de satisfacción, te insto a implementarlo en tu vida de manera efectiva. Ni en el día de mañana, ni en el inicio del año venidero, sino en este momento preciso.

Aplicaciones prácticas.

Con el fin de cristalizar el mensaje inherente en la narración en la rutina diaria, se sugiere diligenciar los siguientes tres lineamientos:

Por favor, identifique sus prioridades. A fin de comprender las esferas de importancia en tu existencia, se sugiere formularse la siguiente interrogante de índole introspectiva: ¿Cuáles de mis acciones diarias son capaces de generar un efecto duradero y relevante en mi vida en el lapso de cinco años? Dependiendo de tu edad, la respuesta podría ser: estudiar, dar lo mejor de ti en tu trabajo, poner en marcha una idea de negocio, educar a tus hijos, etc. Le sugiero que tome una hoja de papel o un archivo de texto para colegir cuáles son las diez prioridades en su vida. En este momento, circunda las tres principales prioridades que son indispensables para otorgar propósito a tu existencia. ¿Ha encontrado usted sus pelotas de golf?

Elimine aquello que resulte superfluo o prescindible. Adquiera habilidades para simplificar sus actividades diarias. Prevenga la intrusión de la arena en su cotidianidad que pudiera obstaculizar el desarrollo de sus actividades. Es evidente que estás familiarizado con el tema que se discute: la exploración errante en línea por un prolongado tiempo, la visualización de contenido televisivo sin valor y la prolongación incesante de juegos en la consola, por mencionar algunos ejemplos. Identifica las actividades superfluas que consumen tu tiempo y elimínalas de manera ordenada para optimizar tus minutos y enfocarte en tus prioridades más importantes.

Adquiere habilidades de organización diaria. La clave está en la disposición secuencial de sus actividades. La gran mayoría de los individuos comienzan el día realizando actividades satisfactorias o productivas. Las cuales incluyen, entre otras, revisar su correo electrónico, analizar las estadísticas de su blog, navegar por las redes sociales y visitar sitios de noticias relevantes, entre otros. ¿Es ya la hora de las 11 de la mañana y aún no se ha completado ninguna tarea? Comenzar la jornada con dichas actividades equivale a colmar el recipiente de mayonesa con arena, dejando escaso margen para las pelotas de golf. De ahí que se sugiera romper este hábito durante una semana, comenzando cada día aplicando el secreto de la primera hora. ¿Qué te parece? ¿Merece la pena intentarlo?

Cómo convertirte en el administrador de tu tiempo

El comienzo de cualquier acción constituye una parte significativa de su totalidad.

Proverbio griego

En una corporación, la presencia de un gestor es de gran importancia. La responsabilidad asignada a su persona recae en la identificación de las acciones requeridas para el cumplimiento de los objetivos, la determinación de los individuos capaces de ejecutar dichas acciones, y la especificación de los recursos necesarios para llevarlas a cabo. Asimismo, se dedica a realizar el monitoreo de dichas actividades y a evaluar de manera constante si las mismas están avanzando adecuadamente o si requieren ajustes.

Si estás relacionado con el mundo empresarial, esta definición no te resultará desconocida. No obstante, en caso de que tu formación académica haya sido de índole diferente, podrías percibir como desconocidas o incluso como excesivamente trámites las nociones vinculadas a la gestión empresarial o de negocios.

Sin embargo, tanto los lectores versados en la materia como aquellos que no lo están, ocasionalmente experimentan dificultades en comprender que solo mediante una empresa sólidamente organizada, donde todos sus integrantes cooperen eficazmente en la realización de sus labores, se alcanzará el éxito.

Esto se debe a que los objetivos han sido establecidos previamente, los responsables cuentan con una clara definición de sus responsabilidades y tareas, los métodos y herramientas han sido identificados y se encuentran en pleno funcionamiento, y todas las partes involucradas mantienen una comunicación constante para abordar de manera oportuna y efectiva cualquier eventualidad que surja, sin extraviar el rumbo establecido. En otras palabras, nos referimos a un sistema activo.

Es necesario que contemples todos los aspectos de tu existencia como una serie de entidades corporativas debidamente estructuradas y operativas. Para alcanzar tal objetivo, es necesario que las distintas partes del sistema estén conectadas y coordinadas de manera que tú desempeñes el rol de gerente general.

Si ya está operando bajo este arreglo, puede valer la pena considerar que asumir el rol de gerente podría resultar en la transferencia de su estrés profesional a sus esferas personal y familiar. Si no está familiarizado con estas dinámicas, es posible que se sienta bastante desorientado con esta recomendación. Sin embargo, en ninguna circunstancia es de esta manera: eres tú quien ostenta el cargo de máximo líder de tu proyecto vital, dado que posees el conocimiento necesario.

Cuáles son tus metas más significativas? En caso de no tener conocimiento previo, en la sección previa se expuso una guía para el inicio del proceso de eliminación de las ideas confusas acerca de las fuentes de satisfacción y la organización de éstas en listados personales y laborales a corto, medio y largo plazo, considerando los deseos a cumplir cuando las circunstancias propicias se presenten. Es imperativo que dichos propósitos y anhelos no se extravíen en la mente debido a la multiplicidad de compromisos cotidianos. Los mencionados deben ser documentados y colocados en una ubicación accesible para su consulta periódica. En muchas ocasiones, la limitación temporal no se atribuye meramente a la insuficiencia de tiempo disponible, sino más bien a la carencia de precisión y determinación en los planes y metas establecidos;

cuáles son tus necesidades. Cada existencia es singular, y tú controlas cada singularidad de la tuya: qué aspectos tienen mayor o menor relevancia, cuántas tareas necesitan tu presencia, quiénes formarán parte de ellas, cuándo y por qué motivo lo harán. En consecuencia, eres la persona adecuada para coordinar una agenda altamente eficiente.

cuáles son tus fortalezas. ¿Está usted consciente de sus habilidades, su horario óptimo para el desempeño de actividades particulares, sus intereses y preferencias en cuanto a su entorno laboral y colaboradores?"

cuáles son tus debilidades. No es necesario que efectúes falsedades hacia alguna persona, ni tampoco que te engañes a ti mismo respecto a tus metas auténticas, áreas en las que posees escasa o ausente habilidad, tareas que te resultan desagradables o funciones que serían más apropiadas delegar en terceros.

cómo manejar tu energía. La gestión de la energía resulta más efectiva que la gestión del tiempo.

Durante los períodos de mayor vitalidad, es posible ejecutar los quehaceres con mayor celeridad y excelencia en contraposición a los momentos en los que se experimenta acuciado por influencias ajenas y agotamiento. Posees conocimiento acerca de cuándo y durante cuánto tiempo se requiere que uno repose. Si identifica los factores de la procrastinación y sus motivadores, como se mencionó anteriormente en el capítulo anterior, puede superarlos y utilizar sus momentos de alta actividad y energía para establecer hábitos exitosos.

¿Podría indicar cuáles son las herramientas y metodologías que utiliza para llevar a cabo la gestión efectiva de su tiempo, la cual en definitiva implica la gestión de su vida? Hasta el momento, se ha impartido instrucción acerca de la importancia de tener fluidez en la era actual, la transformación de paradigmas, la correlación entre productividad y tiempo, los enfoques indispensables, el valor de generar listas, el aprovechamiento de agendas, la necesidad de recordatorios, la disciplina en la autogestión personal y en el cuidado de la familia, y la habilidad requerida para manejar diversas herramientas tecnológicas tales como correos electrónicos, archivos digitales y redes sociales, entre otros aspectos relevantes. En consecuencia, estás adquiriendo una metodología que te capacitará para desarrollar un sistema altamente personalizado de gestión del tiempo.

Es importante tener presente que un gerente de calidad exhibe un elevado nivel de asunción de compromisos y responsabilidades que, sin duda, pueden ser equiparables a los objetivos personales que uno pueda fijarse en este momento. Es importante tener en cuenta que los desafíos del siglo XXI requieren de uno un cambio en su enfoque, que conlleva la adopción de una mentalidad fluida y en evolución constante.

En tiempos pasados, se incurría en un extenso periodo de formación para adquirir competencias que serían aplicables por un amplio margen temporal. No obstante, en la actualidad, resulta imperativo estar prevenidos para rehubicarnos laboralmente con mayor frecuencia que la tasa de variabilidad de empleos prevaleciente en la época de nuestros progenitores.

Al adoptar una actitud positiva frente a la dinámica del cambio y la implementación de un nuevo paradigma de producción, podremos afirmar con mayor convicción nuestro nivel de preparación y, a la vez, reducir significativamente los niveles de estrés asociados plazos y objetivos a cumplir.

El sistema de Logros Alcanzados.

Por favor, evite negar la disponibilidad de tiempo suficiente. Usted posee precisamente la misma cantidad de horas diarias que las que tuvieron eminentes personalidades como Helen Keller, Pasteur, Miguel Ángel y la Madre Teresa de Calcuta.

Leonardo da Vinci, Thomas Jefferson y Albert Einstein son individuos de considerable renombre y distinción.

h marron jackson

Se podría denominar la nueva configuración a ser implementada en su rutina diaria como el denominado esquema de Persecución de Objetivos Conseguidos. Usamos el término 'alcanzado' en lugar de 'por lograr', ya que sugiere que debe comportarse como si ya poseyera el nivel requerido de productividad que le permitiría definir su vida como exitosa.

Más aún, aunque hayas pospuesto la diligencia de identificar tus objetivos y organizar tus tareas diarias y semanales en un calendario, probablemente hayas contemplado la realización de alguna actividad de mayor valor que simplemente pasar el tiempo viendo la televisión. Incluso es posible que hayas programado la recordación de dicha actividad en la agenda electrónica de tu teléfono móvil. Si ese es el caso, estás en camino de superar la resistencia al cambio que previamente había ocasionado varios inconvenientes.

Existen dos términos clave que es imprescindible tener presentes mientras se diseña el sistema personal de logros alcanzados. El aspecto inicial se refiere al enfoque, mientras que el elemento posterior se refiere al arreglo.

El foco debe centrarse en la dirección hacia la consecución de tus objetivos y aspiraciones. Debe ser considerado con prioridad al momento de seleccionar la siguiente actividad a emprender. El enfoque es clave para evitar la omisión o el abandono de tus proyectos, tanto los profesionales como los personales, al seleccionar tus próximas acciones.

El proceso implica escudriñar cada acción que emprendes para asegurarte de que te acerque a tus objetivos y evoque una motivación genuina para alcanzarlos. Es posible que se presenten situaciones adversas en las que puedas sentir que no has logrado seguir con tu plan. Pero es importante destacar que tener un enfoque claro y definido te permitirá retomar la búsqueda de tus objetivos con prontitud, sin perder el rumbo y la perspectiva.

Al programar recordatorios, estructurar horarios diarios y realizar revisiones semanales, es recomendable no restringirse a la organización de tareas que otras personas han asignado como obligatorias, como la entrega de trabajos en la oficina, el traslado de niños a actividades extracurriculares o la organización de eventos en una comunidad.

En cualquier caso, es importante que verifiques tu participación sincera en dichos planes externos, dado que estos pueden tener un impacto trascendental en tu existencia (tu labor te provee una sustentación financiera, experimentas satisfacción al contribuir al bienestar de tu familia y comunidad, y deseas respaldar la educación de tus hijos).

De tal modo, se evitará la imposición externa de obligaciones, y en su lugar se promoverán oportunidades colaborativas en las que el individuo se involucre con entusiasmo y dedicación para su consecución exitosa. Esta evaluación representará el enfoque fundamental para que logres alcanzar dichos objetivos.

Con respecto a los proyectos personales, es importante llevar a cabo acciones progresivas a diario, semanalmente, mensualmente y anualmente con miras a lograrlos. Por ejemplo, si se desea emprender un viaje, se puede considerar establecer pautas progresivas tales como implementar fuentes de ingresos adicionales para ahorrar, investigar sobre paquetes turísticos, estudiar la cultura del destino deseado y conversar con personas que hayan visitado el lugar previamente para obtener información valiosa.

La dedicación y el ardor que demuestres hacia tus metas personales serán la columna vertebral para no dejar pasar ninguna oportunidad de progreso hacia la consecución de dicho objetivo, de manera progresiva.

La creación y el mantenimiento de una organización adecuada, representa una valiosa oportunidad para el propio desarrollo personal y el crecimiento. Cuanto mayor sea su nivel de organización, mayor será su capacidad para lograr múltiples tareas, lo que a su vez requiere un mayor nivel de organización. Esta estructura ofrece un sistema de retroalimentación que facilite la optimización de tiempo en el transcurso de la jornada diaria, permitiéndole dedicar mayor atención a sus proyectos.

La metodología para aprovechar el tiempo a través de una organización eficaz implica la adopción e implementación gradual de las herramientas y técnicas recomendadas por el sistema, adaptadas al estilo de vida individual. Por ejemplo, la selección de la forma más efectiva para emitir recordatorios, como en su diario electrónico, mediante notas autoadhesivas o mediante la inclusión en algunas de sus listas diarias.

Asimismo, es posible considerar la distribución de las labores en función de similitudes inherentes (por ejemplo, agrupando informes e investigaciones para abordar en la computadora, o elaborando una lista de pendientes para resolver al salir a la calle), o bien, efectuar una evaluación respecto a qué actividades pueden ser llevadas a cabo de forma simultánea (revisar los deberes escolares de los hijos mientras se realiza la carga de la lavadora, o ejercitarse mientras se visualiza un programa de televisión preferido).

La activación de los diferentes métodos del sistema resultará en una mayor eficiencia temporal y la consecuente liberación de un intervalo en el que se podrá hacer uso de manera inteligente, mediante la revisión de la lista de proyectos y la selección de aquellos que puedan ser desarrollados en los minutos u horas disponibles.

Un aspecto adicional que se debe considerar en el diseño de su sistema es lo que hemos identificado como fluidez. En el arte marcial del karate se emplea la siguiente analogía: "La mente equivale al agua". Si uno visualiza el acto de arrojar una piedra al interior de un cuerpo de agua, este último reaccionará de manera tal que asimilará la piedra, manifestando su presencia mediante ondas concéntricas y, paulatinamente, recobrando su serenidad original. La incidencia de algunas gotas que saltan genera su reacción más pronunciada.

En términos generales, el sistema que usted maneja ha de comportarse a semejanza del agua, en tanto que debe demostrar una capacidad innata de adaptación frente a circunstancias externas cambiantes (tal y como el agua que adopta la forma del contenedor que lo retiene), a la vez que se mueve con fluidez al compás de los inevitables cambios que se presentan (como lo hacen los ríos), y recibe con serenidad creciente las eventualidades que surgen (como un guijarro arrojado a un embalse).

"De esta manera, su sistema se adaptará sin oposición a las demandas emergentes y a los cambios frecuentes que definen el siglo actual".

Desbloquear la mente para fomentar la generación de ideas

innovadoras. Cómo lograr la liberación de la mente para aumentar su capacidad productiva.

Considere su perspectiva desde un enfoque de acción.

Comporte usted mismo como un individuo pensante y racional.

henri bergson

Durante la discusión sobre metas y objetivos, se subrayó la relevancia de no confiar en la retentiva mental para archivar proyectos o usar la memoria como contenedor de recordatorios. Existen causas específicas que explican este fenómeno: el cerebro humano se ha desarrollado para generar conceptos creativos y no tanto para mantenerlos en la memoria.

Si tu mente se encuentra regularmente ocupada con preocupaciones pendientes, procesamiento constante de información y conocimiento externo, así como la generación de nuevos proyectos, eventualmente experimentarás fallos en la eficacia de ésta. Esto puede llevar a la omisión de tareas, incapacidad para internalizar la variedad de conocimientos adquiridos, y la disipación o insuficiencia a la hora de formular nuevas ideas.

Resulta más beneficioso emplear la capacidad cognitiva del cerebro para el razonamiento y la creación, en lugar de destinarla al simple recuerdo. Con el propósito de lograr esto, se sugiere hacer uso de los asistentes personales o electrónicos disponibles, establecer domiciliaciones para los pagos de los servicios, planificar las citas y reuniones y utilizar recordatorios para tareas cotidianas como la compra de provisiones, de manera que se pueda fomentar un ambiente mental propicio para desarrollar una creatividad y rendimiento óptimos.

Es importante recordar que cuando uno se apasiona por algo, es más probable que desempeñe dicha actividad de manera más eficiente, satisfactoria y con mayor rapidez en comparación con las obligaciones impuestas externamente o que se perciben como una carga.

No obstante, numerosos psicólogos argumentan que el estado habitual de la mente es el desorden y su inclinación es hacia la pasividad. En otras palabras, si se la exime de sus responsabilidades y se la deja sin orientación, se tornará apática. El objetivo de despejar la mente es facilitar la relajación suficiente para el rejuvenecimiento y, al mismo tiempo, proporcionar el impulso necesario para la productividad y la creatividad.

El estímulo emanará de tu enfoque en los objetivos que has delineado en las listas escritas de tus proyectos, y de la organización que establezcas a través de las herramientas y métodos proporcionados por el sistema.

Es esencial llevar a cabo revisiones periódicas del sistema para analizar su rendimiento de manera precisa. En caso de no subsanar las deficiencias que se presenten, el cerebro buscará regresar a su estado de inactividad convencional, lo que dificultará aún más superar la procrastinación.

En caso de haber programado una hora específica para llevar a cabo una serie de llamadas, y resulte ser escasa para cumplir con todas, puede generarse una carga cognitiva para que se mantengan presentes en la mente durante el transcurso del día. Su mente comenzará a experimentar un grado de escepticismo hacia el sistema y no podrá lograr la relajación necesaria. Como bien se sabe, confiar en la retención mental no resulta efectivo.

Por ende, es esencial que formules una solución al problema en el sistema, a través de la fijación de un horario alternativo para llevar a cabo dichas llamadas. Por ende, su atención se enfocará exclusivamente en ellas una vez que se active la notificación para realizar las llamadas correspondientes. Garantice estar ejecutando sus tareas asignadas con precisión, sin distraerse en actividades que no sean pertinentes en ese instante.

Lo más importante es estar en el momento presente y enfocarse en la tarea actual, evitando preocupaciones o distracciones adicionales. Esa es la metodología óptima para llevar a cabo la operación con éxito.

Las fases y herramientas que engloba el Sistema de Logros: más consideraciones incluyen aspectos relativos a proyectos, listados, agendas o calendarios, recordatorios y la revisión semanal. Los niveles de organización. La bandeja de entrada. El paso siguiente. La regla de los dos minutos.

No hay mayor placer en la vida que triunfar sobre la adversidad.

Avanzando en una secuencia de logros sucesivos,

Generando nuevas aspiraciones y viendo su logro materializado.

Dr. Samuel Johnson

En caso de haberse familiarizado con todas las secciones de este texto, se posee conocimiento acerca de los elementos fundamentales del sistema de Logros Alcanzados, conformados por los proyectos, las listas, los recordatorios y las agendas o calendarios. En cualquier caso, previo a proseguir con los demás aspectos de la metodología, resulta pertinente esclarecer ciertos puntos que se encuentran pendientes al respecto.

ENTRETENIMIENTO vs CONCENTRACIÓN

Durante el seminario, Fidel articuló una frase excepcional que me resonó indefinidamente: 'Tener - en medio - a ti'. El término "entre" hace referencia a un espacio intermedio, una zona en la que existe la posibilidad de contar con tu presencia. Es decir, cada vez que nos entretenemos estamos creando un espacio que nos evita estar con nosotros mismos.

Desde ese día, cada vez que me doy cuenta de que estoy buscando diversión, trato de introspeccionar y determinar qué factores internos pueden estar obstaculizando mi deseo de pasar tiempo conmigo mismo en el momento presente.

Con esto no pretendo implicar que se excluyan completamente las actividades recreativas, como ir al cine, ver un partido de fútbol, u otras, en caso de que la ocasión se presente. Sin embargo, si te encuentras buscando entretenimiento con frecuencia, sería beneficioso para ti reflexionar sobre qué aspectos de ti mismo puedes estar descuidando o no abordando, lo que te impide alcanzar la paz interior.

Además, si estas actividades de ocio sirven para posicionarte en un papel opuesto e inculcarte un sentido de rivalidad con los demás, como en el caso del fútbol o pasatiempos similares, en la medida en que inviertes tu vida en colores, escudos o banderas, es Sería recomendable realizar un control interno y sacar algunas conclusiones.

La industria del entretenimiento reconoce que cuando uno pierde el control sobre sí mismo, queda a merced de la misma, lo que implica un nivel de dependencia que puede resultar problemático. A partir de ese momento, procederás a comprar, pensar y ejecutar todas las acciones según las recomendaciones proporcionadas por ellos. Considerando la confianza que has depositado en sus palabras hasta este momento, ¿quién mejor que ellos para guiarte en el uso eficiente de tu tiempo? Además, dado tu nivel de estrés, no cabe duda de que tienes plena convicción sobre lo que resulta lo más apropiado.

Si se examina la existencia desde una perspectiva empática y emocional, pareciera que el orden natural del mundo se ha invertido. ¿Por qué creemos en información que no es cierta a pesar de saber que es falsa e ignorar su impacto en nuestra vida diaria?

La inclusión de cualquier extenso grupo o pasatiempo en tu vida, de manera impulsiva y excesiva, no sólo te proporciona entretenimiento, sino que también, como ya he mencionado anteriormente, te proporciona un espacio de separación de tu yo interno. Además, está dando forma a tu personalidad casi imperceptiblemente, construyendo una personalidad falsa que es reconocida y adoptada por el colectivo, y haciendo que te olvides de tu verdadero yo.

Desde entonces, y en una situación casi involuntaria, usted cederá su tiempo de vida para el beneficio de corporaciones y colectivos, cuyos objetivos pueden no ser armoniosos con su ser esencial o incluso dañar la concepción de su mundo utópico. Si se distancian de ti y de los demás, es muy probable que no tenga nada que ver con tu corazón bondadoso y generoso.

Para administrar tu tiempo de manera efectiva, es crucial que la concentración triunfe sobre el entretenimiento. La noticia positiva es que posee competencia en ambos aspectos del campo y puede dar paso a que la concentración triunfe sobre las actividades de ocio.

La concentración es una condición en la que se alcanza un estado pleno en el que se dedica a realizar las tareas previamente establecidas, incluso, en ocasiones, perdiendo la noción del tiempo. Lo que se logra en este estado es el cumplimiento de metas y objetivos personales, lo que genera una satisfacción personal y productividad adicional.

Para que su concentración inicie una fase profunda, se necesitarían aproximadamente quince minutos, después de lo cual comenzaría a realizar la tarea en cuestión sin esfuerzo, y finalmente perdería la noción del tiempo.

En el caso de que un timbre de notificación agradable emane del dispositivo móvil durante este período de productividad, el enfoque del individuo puede verse interrumpido, lo que requiere un regreso a las etapas iniciales de la tarea. Si la notificación del dispositivo se produce antes de completar el intervalo de quince minutos asignado, es lógico que las capacidades cognitivas de uno no estén sintonizadas de manera óptima con la tarea en cuestión hasta que haya transcurrido otro período completo de quince minutos.

Es importante tener en consideración que en caso de no mantener una apropiada concentración, se podría experimentar una falta de focalización mental, la cual a su vez puede resultar en una disminución del rendimiento hasta un grado del cien por cien. Así, se podría requerir de más tiempo para lograr los objetivos deseados al no haber alcanzado el máximo potencial de desempeño. Como se puede inferir, invertir una cantidad excesiva de tiempo en la tarea en cuestión reducirá el tiempo disponible para otras actividades, tareas o para el descanso.

La concentración es una de las grandes amistades del tiempo. Hay quienes postulan que si estuviéramos totalmente concentrados en nuestras horas de trabajo, podríamos trabajar cuatro horas de manera consciente y constante, siendo más productivos y eficientes que con la jornada laboral obligatoria de ocho horas que actualmente es la norma para la mayoría de los trabajadores. planeta.

Alcanzar la concentración se vuelve más simple cuando poseemos una comprensión clara de la dirección hacia la cual apunta el enfoque de nuestra vida. Si tiendes a distraerte con facilidad, es muy probable que tu atención divague entre varios puntos. De tal forma se puede experimentar una sensación en la que, tras haber analizado diversos enfoques y perspectivas, se opta por la renuncia y, por ende, se delega el dominio de la propia existencia y la administración de los recursos temporales a terceros. Autoconocimiento, una vez más.

En este punto de la obra, es mi expectativa que el lector esté tomando conciencia de que, tal como señalaba en el prólogo, administrar eficazmente el tiempo no se limita a utilizar un reloj o conocer de manera superficial técnicas empleadas por ejecutivos de alto nivel. En caso de que uno no esté en armonía consigo mismo, sus destrezas y conocimiento en esta área, por relevantes que sean, resultarán irrelevantes debido a la falta de equilibrio interno en la persona.

He tenido la oportunidad de participar en programas de capacitación en gestión del tiempo, además de haber leído diversas publicaciones sobre el tema. Asimismo, he establecido contactos con expertos especializados en brindar este tipo de capacitaciones. Posteriormente, al analizar sus existencias, he verificado en ciertos casos una falta de coherencia con los principios inculcados y una organización caótica en extremo. Cuando se les pregunta sobre esto, responden que debido a varios factores, no pueden hacerlo en este momento y están trabajando activamente para encontrar una solución. Reconocen que implementar esto puede no ser tan sencillo como explicarlo.

Puede parecer reiterativo, no obstante, considero fundamental que quede plenamente establecida esta noción, ya que en estas ocasiones me percató de lo trascendental que resulta internalizar y establecer una conexión consigo mismo. Al tener un encuentro inicial, experimentarás una sincronización natural de tu ser y tu estado emocional con tus compromisos horarios de manera subconsciente. A partir de ese momento, todo fluirá sobre ruedas, facilitando tu organización.

Al hacerlo, puede asegurarse de que ciertas situaciones, como llegar cinco minutos tarde, optar por no participar en una actividad o cambiar a una tarea diferente, no generen estrés o confusión innecesarios, ya que ha logrado un estado de armonización.

Al llegar a este punto de su vida, es seguro asumir que ha establecido una conexión con su cuerpo. Es importante tener en cuenta que su cuerpo, para su propio beneficio, puede ocasionalmente requerir tales modificaciones para autorregularse y prevenir picos indeseables de estrés y ansiedad acompañados de pensamientos de inadecuación percibida, que son ampliamente conocidos por tener un impacto negativo en nuestra salud.

Al mantener un nivel elevado de concentración, podrás notar cómo tu mente opera de manera prácticamente autónoma, sabiendo con precisión lo que es mejor para ti en cada situación, lo que se traducirá en la realización de acciones beneficiosas para tu auténtica y verdadera persona.

Identifique Los Períodos De Mayor Rendimiento De Su Día

Obsérvate durante unos días:
En qué momento eres más eficiente en su desempeño laboral? ¿En qué momento del día experimenta usted mayor fatiga? ¿Cuándo sueles hacer ejercicio? En qué momento experimenta usted mayor nivel de alerta?

Cada individuo es único y posee características y experiencias propias que lo distinguen de los demás. Existen individuos que muestran mayor actividad matutina al despertar temprano y experimentan una mayor sensación de energía en las primeras horas del día; no obstante, posteriormente, durante la tarde o después de comer, pueden sentirse más fatigados o experimentar una menor sensación de vitalidad. Existen individuos que durante la tarde o incluso la noche experimentan niveles de energía más elevados y anhelan la oportunidad de descansar.

La clave: conocerse.

Al reconocer los momentos en los que eres más productivo, es recomendable ordenar tus prioridades y horarios de acuerdo a tus niveles de energía. Se trata de un enfoque para simplificar los procesos.

Por ejemplo, ¿usted opina que un escritor experimenta el mismo nivel de inspiración en las horas nocturnas que en las matutinas, o que todos ellos obtienen su inspiración en momentos similares? Negativo. En caso de que tenga prole, ¿La performance académica de cada uno de ellos es equiparable?

Durante mi juventud académica, me resultó intrigante observar cómo mi hermana mostraba un desempeño escolar superior al estudiar hasta altas horas de la noche, mientras que a mí me resultó más productivo levantarme temprano para estudiar en momentos en los que ella finalizaba su jornada.

"Una vez que se ha practicado la honestidad consigo mismo, se podrá determinar el momento preciso para realizar actividades intelectuales óptimas según el horario, lo que permitirá planear tareas físicas, ejercicio o compras en correspondencia".

Esta acción implica, una vez más, aprovechar el tiempo a tu favor.

Se recomienda estar alerta ante la presencia de individuos o factores, ya sean internos o externos, que pueden promover la pérdida de tiempo de manera innecesaria.

Hago alusión a todas las actividades que consumen su tiempo, sin importar si el individuo tiene conciencia de ello o no.

Teniendo en cuenta que la toma de conciencia es el primer paso para instaurar cambios significativos, procederemos a identificarlos con diligencia:

Los ladrones de tiempo externos son los más fáciles de identificar. Comunicaciones telefónicas superfluas, notificaciones en Facebook, correos electrónicos que incluyen presentaciones de diapositivas, programas televisivos y una extensa lista más. Si comienzas a calcular los minutos dedicados a estos asuntos, te sorprendería la cantidad de tiempo que se pierde.

Es aconsejable asignar un marco de tiempo específico para actividades como revisar el correo electrónico, hacer llamadas telefónicas o mirar televisión, y cumplir estrictamente con este horario.

Estoy seguro/a de que la continuidad del mundo no se ve afectada por la falta de disponibilidad constante al teléfono o al correo electrónico. Doy fe de ello.

Las fuentes internas de dilación: Aquellas actividades, pensamientos o emociones que desvían su atención de las tareas prioritarias encomendadas. Por ejemplo, si cada vez que conversas con tu padre terminas molesto (con el impacto duradero de tales frustraciones), esfuérzate por comunicarte con él durante esos períodos en los que no necesariamente necesitas ser productivo. Si tu tía agota tu energía hablando de todas sus dolencias, igualmente. Comuníquese con ella en momentos que no interfieran con sus prioridades fundamentales.

Adquiere la costumbre de no atender ninguna llamada mientras te encuentras inmerso en una tarea de vital importancia para ti. Tú manejas tu tiempo.

Ten claro el foco

Hemos abordado la trascendencia de la planificación, o de elaborar inventarios exhaustivos de las tareas inherentes a cada jornada.

En efecto, sin una definición clara de nuestros objetivos a mediano o largo plazo, esta situación carece de sentido y utilidad.

El proceso de administrar el tiempo o las prioridades no pretende convertirnos en máquinas que estén en constante actividad, o hacernos sentir útiles solo cuando estamos logrando algo.

Se ha de procurar contar con un propósito más elevado, una razón trascendente por la cual realizamos nuestras acciones, que sirva como incentivo para perseverar. Es imperativo que no desistamos de nuestro trayecto o desistamos ante los obstáculos o impedimentos que puedan presentarse.

La definición clara de un objetivo permitirá una óptima concentración evitando que, ante eventuales adversidades o contratiempos, se pierda la perspectiva, desenfoque o desvíe de la senda definida.

Posiblemente debamos proceder a una pausa temporal para descansar, tal vez sea necesario postergar o aplazar algunos asuntos por un lapso específico, no obstante, si mantenemos una clara orientación hacia nuestro propósito, no existirá impedimento alguno que nos impida reanudar nuestra meta.

Si su atención se concentra en la obtención de nuevos clientes, asegúrese de que todas sus actividades y estrategias estén orientadas hacia ese objetivo, evitando cualquier distracción innecesaria, como la elección de colores para decorar la oficina o la negociación rutinaria con proveedores sobre precios.

Si tu enfoque está en la preparación de una cena de alta calidad, el resultado será el mismo. Por favor, evita distraerte al interactuar con la vecina, saliendo con las amigas o dedicándote a actividades como la pintura de acuarelas. Si su objetivo consiste en alcanzar dicha meta, enfóquese en la selección de las mejores recetas y la obtención de todos los ingredientes necesarios, entre otras medidas relevantes.

Resérvate un día para realizar tareas de autorreflexión y mejora personal.
Existe una narración que relata:
La tala de árboles es considerada como uno de los deportes tradicionales de Alaska. Existen renombrados taladores que poseen un amplio dominio, habilidad y vigor al manipular el hacha. Un individuo joven que anhelaba alcanzar la excelencia como talador, tomó conocimiento del más destacado leñador en la nación y determinó emprender una travesía hacia su encuentro.
Anhelo convertirme en su discípulo. Deseo adquirir habilidades en la técnica de corte de árboles, similar a la que usted domina.

El individuo se dedicó a adquirir las enseñanzas del maestro, y después de algún tiempo, creyó haberlo superado. Experimentó una mayor sensación de fortaleza, agilidad y juventud, lo que le brindó la seguridad de ser capaz de superar con facilidad al veterano leñador. De este modo, se enfrentó a su mentor en una contienda de ocho horas, con el objetivo de determinar cuál de los dos era capaz de talar un mayor número de árboles.

El docente aceptó el reto y el joven leñador comenzó a talar árboles con ahínco y determinación.

Mientras se desplazaba entre los árboles, su atención se enfocaba en la figura de su maestro, no obstante, lo observaba mayoritariamente en posición sedente. El joven volvió a sus árboles con confianza en su capacidad de triunfar y sintió remordimiento por su anciano mentor.

Al llegar la tarde, para asombro del joven, el maestro anciano había talado una cantidad de árboles significativamente mayor que él.

- ¿De qué manera es posible? - manifestó con asombro. En la mayoría de las ocasiones en que le observé, se encontraba en reposo.
No, hija mía, no estaba descansando. Estaba afilando mi hacha. Ese es el motivo por el cual has resultado perdedor.
La fuente de esta información es "Comunicación Efectiva" escrito por Lair Ribeiro.
¿Cuál es la intención o el significado subyacente detrás de esta fábula? Es importante reservar un tiempo para el descanso, la relajación del cuerpo y la mente, y la recuperación de energías. Este hecho propiciará que retornemos a nuestro cotidiano con una resurgida energía, incrementada vitalidad y mayor entusiasmo.
No debes sentir que descansar significa no cumplir con tus responsabilidades, todo lo contrario, al tomar un tiempo para reponer tus energías, estarás en la capacidad de rendir de manera más efectiva posteriormente.

En caso de que no invirtamos nuestra atención en nosotros mismos en este espacio, es probable que experimentemos un resultado similar al de todos los dispositivos alimentados por batería, funcionando inicialmente de manera óptima, pero a medida que el tiempo avanza, nuestra capacidad se verá mermada hasta que finalmente nos detendremos.

Sin embargo, como cualquier otro asunto, es importante abordarlo de manera proporcionada. No se vale pasarte horas y horas afilando el hacha si luego no estás dispuesto a salir a talar árboles.

Procure ejecutar inmediatamente toda tarea que requiera un tiempo de dos minutos o menos.

Tan sencillo como suena.

Me refiero a correos electrónicos que requieren una respuesta, llamadas telefónicas rápidas para programar citas, tareas muy específicas que figuran en mi agenda diaria y que solo requerirán dos minutos de mi tiempo. Un período de tiempo no mayor a dos minutos, o incluso de menor duración.

Esta cuestión no se refiere a la obligación de llevar a cabo las tareas de menor envergadura con antelación. Se trata de que realices cualquier tarea que requiera dos minutos de tu tiempo. La realización de múltiples tareas de menor envergadura demandará una cantidad mayor de tiempo. Las tareas mencionadas deberán ser realizadas conforme a tu planificación establecida. Sin embargo, es aconsejable priorizar y completar de forma temprana las tareas de menor duración.

Previo al inicio del proceso, se puede constatar el avance logrado y esto proporcionará el impulso necesario para continuar, experimentando una satisfactoria certeza de llevar a cabo la acción correcta.

Tráguese ese sapo

El mencionado título pertenece a una de las publicaciones del renombrado gurú Brian Tracy.

La recomendación que se presenta consiste en identificar, entre las diversas tareas existentes, aquella que resulte desagradable o de mayor dificultad, lo cual ha sido comprobado personalmente y se puede afirmar que es efectivo. No tiene necesidad de ser algo de gran envergadura o que demande más tiempo. Se trata de la tarea que provoca exhalaciones y suspiros solo al considerar su realización.

Según la percepción de Brian Tracy, se podría describirlo como un anfibio de gran tamaño similar a un sapo.

De acuerdo, te sugiero que la lleves a cabo como prioridad.

Sí. Indudablemente, cada vez que se emite un suspiro, se disipa parte de la energía disponible, y la simple presencia de dicha tarea en la lista de tareas pendientes puede inducir sentimientos de abrumamiento y apatía. No obstante, si llevas a cabo esta tarea sin dilación y sin concederte la posibilidad de justificarte, dispones del resto del día para dedicarlo a actividades que no comprometan tu energía, sino que, por el contrario, te la recarguen.

Constituye un enfoque efectivo para evitar la aplazamiento de tareas desfavorables. Es recomendable abordar la tarea en cuestión como una prioridad, incluso si es un desafío, para que su día transcurra sin problemas y sin más impedimentos.

Gorra. Seven: Este hecho es irrefutable que los líderes verdaderamente eficaces no son personas sin inteligencia.
La personalidad caracterizada por exhibir un patrón de comportamiento "Tipo A".
En el año de 1974, los doctores especialistas en cardiología de los Estados Unidos, Meyer Friedman y Ray Rosenman, dieron a conocer al público en general un libro de gran aceptación en el ámbito de la salud denominado "Conducta tipo A y su relación con el funcionamiento del corazón". En su investigación, Friedman y Rosenman se propusieron demostrar el impacto que el comportamiento individual ejerce sobre la salud del sistema cardiovascular. Fue

planteada la hipótesis de que una serie de atributos identificados en una cohorte de individuos (conocida como "personalidades tipo A") poseen una disposición hacia la generación de tensiones corporales que podrían conllevar a trastornos en su estado de salud. Con el fin de efectuar el diagnóstico de sus pacientes, los doctores Friedman y Rosenman se valían de cuestionarios en los que formulaban preguntas tales como:

Experimenta algún sentido de culpabilidad al emplear su tiempo libre para fines de descanso y recreación?

¿Es requisito indispensable obtener una victoria para poder gozar del placer de practicar un deporte?

¿Acostumbra a realizar movimientos, desplazarse y alimentarse con prontitud?

¿Tiene tendencia a tratar de realizar múltiples tareas simultáneamente con frecuencia?

¿Le suena familiar?

Después de ser publicado, el modelo de Friedman y Rosenman consiguió penetrar en la cultura popular. En la actualidad, es frecuente percibir a los trabajadores expresando su descontento respecto al comportamiento de su superior, mediante la afirmación de que dicho individuo presenta una personalidad caracterizada como tipo A.

Al delinear su modelo, Friedman y Rosenman postularon que las personas que exhiben atributos de Tipo A pueden clasificarse de la siguiente manera:

Quizá la lista de características previamente mencionada suscite en su mente el recuerdo de conocidos como un ex empleador, maestro, mentor o progenitor. Al leer el presente libro, es probable que el lector logre identificar algunos elementos inherentes a su propia personalidad en la enumeración expuesta. En caso de que se lleve a cabo, se sugiere que mantenga la calma sin excesiva alarma. La relación entre dichos comportamientos y la patología cardiovascular sigue siendo un tema de controversia. Adicionalmente, estudios recientes han evidenciado que los sujetos con características del tipo A sobrepasan en rendimiento a sus equivalentes catalogados como de tipo B. En el mundo altamente competitivo de las empresas, una mentalidad altamente orientada y decisiva como esta puede arrojar mayores beneficios que una actitud ambivalente o indecisa. Este tipo de personalidad solo se vuelve problemático cuando las características antes mencionadas se manifiestan en exceso. Es decir:

Cuando el líder se encuentra constantemente irritado,

Cuando se presenta un ambiente hostil en el lugar de trabajo.

Cuando procede con decisiones abruptas,

Cuando presenta impaciencia, beligerancia o rudeza con su equipo de trabajo.

En el contexto de las circunstancias mencionadas, resulta inapropiado referirnos al líder meramente como un individuo que posee características de personalidad del tipo A. Por el contrario, nos referimos a él con un apodo diferente: "idiota".

El principio de no idiotez

Existen diversos argumentos éticos que podrían exponerse en contra de las acciones de individuos insensatos. Sin embargo, el enfoque adoptado por Sutton demuestra una mayor orientación hacia el pragmatismo. "Él sostiene que la inclusión de individuos con habilidades limitadas en el ambiente laboral puede generar un impacto adverso en la moral y eficiencia de los empleados". El escribe:

Numerosos estudios demuestran que los intercambios con individuos malintencionados, despectivos o denigrantes tienen un impacto perjudicial en el rendimiento de los demás, incluyendo su capacidad para tomar decisiones, su productividad, creatividad y su disposición a permanecer en el trabajo más allá de su horario regular para completar proyectos y ofrecer su colaboración a los colegas necesitados de su asesoramiento, habilidades o apoyo psicológico.

Si le resulta difícil racionalizar ser un 'buen jefe' basándose únicamente en 'ser amable', al menos opte por hacerlo porque exhibir una buena conducta mejorará sus resultados. Los entornos laborales que no cuentan con individuos negligentes aparentan experimentar un mejor rendimiento en contraposición a aquellos que los toleran.

Identificación de individuos con capacidad intelectual limitada

El Doctor Sutton ha identificado diversas características esclarecedoras de los "líderes incompetentes". Entre ellas:

Hacer comentarios ofensivos o despectivos hacia los trabajadores.

Mostrar una tendencia a transgredir los límites del espacio personal.

Ser aficionado al sarcasmo áspero.

Demostrar prontitud en la emisión de advertencias hacia los colaboradores.

Utilizar estrategias de deshonra y embaraazo.

Interrumpir cuando conversan

Perpetrar la traición hacia sus subalternos con el propósito de alcanzar sus objetivos profesionales.

En caso de que presente alguno de los atributos previamente mencionados, pudiera ser el individuo objeto de nuestro análisis. El Dr. Sutton concibió el Autoexamen de Evaluación de Personalidad (conocido por sus siglas en inglés como ARSE: Self-Exam de Calificación de Idiotas) con un enfoque jocoso. Este instrumento de evaluación se encarga de determinar, con precisión, si uno puede ser catalogado como una persona con una tendencia idiota. La evaluación incluye múltiples enunciados de opción binaria, como por ejemplo:

¿Es verdadero o falso?

Usted no deposita su confianza en aquellos que lo rodean, y a su vez, ellos no depositan su confianza en usted.

Contemple a sus colegas como contendientes en el ámbito laboral.

Se considera que la estrategia más efectiva para alcanzar el éxito es la de desplazar a otras personas de su posición en lugar de competir de manera justa y equitativa.

Esta persona tiende a interrumpir frecuentemente a los demás ya que considera que su punto de vista o información es más relevante y prioritaria.

Se presentan doce preguntas adicionales de esta naturaleza dentro del examen ASS, que se puede realizar de forma gratuita a través de su plataforma de prueba en línea si decide aprovechar esta oportunidad. Sin embargo, la presente evaluación no tiene como objetivo alcanzar un nivel de rigurosidad académica. Al contrario, su propósito principal reside en recordarnos que debemos ejercer control sobre nuestro propio comportamiento. Contestar de manera afirmativa a alguna de las preguntas previas denota una falta de inteligencia por parte del individuo.

Indudablemente, cada uno de nosotros ha demostrado estas características desfavorables en algún momento. Los constantes inconvenientes que se presentan en la rutina diaria, suelen afectar nuestro estado emocional, lo cual dificulta el desarrollo de relaciones interpersonales armoniosas durante todo el transcurso del día. Resulta poco realista exigir que alguien conserve la compostura en todo tipo de eventualidades. Sin embargo, existe una notable discrepancia entre comportarse ocasionalmente de manera insensata y exhibir tal comportamiento de forma crónica.

Las personas no desean relacionarse con alguien que les muestra constante desprecio y los interrumpe en cada expresión verbal que emiten. Asimismo, no desean tolerar la presencia de alguien que cause vergüenza, sobrepase sus habilidades o invada su espacio personal. La incorporación de dicha persona, evidentemente, acarrearía cuestionamientos de índole personal indeseables. Los empleados tienen la opción de presentar su renuncia, presentar una queja formal ante el departamento de Recursos Humanos o iniciar un procedimiento legal contra la empresa. Sin embargo, inclusive aquellos trabajadores quienes, a pesar de utilizar un discurso mordaz, toman la decisión de permanecer en su empleo, por lo general no se sienten plenamente satisfechos con tal elección. Es posible que presenten prontamente sintomatologías asociadas a la depresión, ansiedad y fatiga. Un equipo de trabajo desmotivado resulta en una disminución de la productividad laboral. La ética empresarial resultará perjudicada de manera negativa, junto con la eficiencia productiva, y se experimentará una intensificación de la intimidación. Como líder de la organización, es su responsabilidad mitigar cualquier intensificación de este ciclo vicioso. Es su responsabilidad autoevaluarse ante cualquier manifestación de comportamiento inadecuado, y también corresponsabilizarse dejando en claro a sus supervisores y subordinados que se espera de ellos un comportamiento oportuno y reflexivo en todo momento.

Se le recuerda que, en calidad de líder, usted establece la pauta. Si los mandos intermedios consideran que uno es tonto, en consecuencia será considerado como tal por el nivel subsiguiente de empleados dentro de la jerarquía corporativa. Ciertamente, el comportamiento de individuos de poca habilidad mental se propaga a través de diversos medios. Sin embargo, la cascada de turbulencia corporativa se origina desde arriba, es decir, contigo (el jefe o líder del equipo). De ahora en adelante, es imperativo que uno supere sus demonios personales si aspira a vencer a los demonios que lo rodean. Se recomienda mantener una vigilancia constante sobre las interacciones y actuar con prontitud para evitar cualquier situación perjudicial.

expresarse desde un estado emocional.

saltar a conclusiones,

rechazar opiniones contrarias,

presentar reclamos poco factibles o infundados

no admitir errores,

Negarse a reconocer las contribuciones de los empleados.

Elevar la voz y hacer uso de tonos vehementes para dirigirse a los miembros del equipo subordinado.

Es importante recordar que en el segundo capítulo de nuestra discusión, se exploró detalladamente el "Quinto Hábito" de Stephen Covey.

Se recomienda en primer lugar comprender la perspectiva del interlocutor antes de buscar su comprensión hacia nosotros.

Los líderes de gran calibre son expertos en invocar un espíritu de colaboración y fraternidad en el equipo. Comprenden que la realización de actividades humanas con alto grado de complejidad y valor ético únicamente es alcanzada mediante la colaboración y el trabajo en conjunto. En consecuencia, si ostenta una posición de liderazgo, es recomendable que adapte su comunicación y comportamiento para que resulten inclusivos, afables y denoten su preocupación por el bienestar de su equipo y sus intereses más elevados. Como escribe Sutton:

...si desea controlar su impulsividad, emplee conceptos y una terminología que enfoquen la vida de forma que lo orienten hacia la colaboración.

La adopción de una personalidad sumamente benevolente puede plantear un desafío para algunos líderes, particularmente aquellos que presentan una adicción laboral y una personalidad Tipo A, tal y como se ha descrito con anterioridad. Las personas que exhiben una personalidad de tipo A presentan una mayor propensión a manifestar conductas que pueden ser caracterizadas como inadecuadas o contraproducentes. Así es, existe una predisposición genética en el comportamiento de individuos que presentan conductas poco inteligentes. Sin embargo, adquirir la capacidad de detectar estos comportamientos dentro de uno mismo es el paso inicial para mitigar tales impulsos.

Existe la posibilidad de comportarse de manera imprudente o inapropiada sin percatarse de ello. O, tal vez más comúnmente, el jefe podría haber comenzado su carrera como un "buen tipo", pero en el camino se las arregló para adquirir algunos comportamientos parecidos a los de un idiota. Lamentablemente, si no se controla, esta es la forma en que reaccionará la mente recién empoderada.

La adquisición del poder absoluto conduce invariablemente a su corrupción.

Tener conciencia de la naturaleza nociva del poder (y su capacidad de corromper incluso a aquellos con las mejores intenciones) es un aspecto fundamental del liderazgo. Los antiguos romanos otorgaban una gran importancia a esta preferencia, al punto de que después de alcanzar una victoria bélica, un esclavo debía caminar detrás del general conquistador y susurrarle al oído:

Recuerdo homo... Recuerdo homo... Recuerde, usted es solamente un ser humano... Recuerda, tú eres únicamente un individuo...

Por suerte, en la actualidad en las oficinas no se requiere la exageración propia del espectáculo en el coliseo romano. No obstante, resulta pertinente y beneficioso llevar a cabo de manera periódica una actividad introspectiva similar, destinada a examinar de forma ecuánime y rigurosa la moralidad del discurso que utilizamos en nuestra organización y la manera en la que nos relacionamos con nuestro equipo de trabajo.

A medida que se avanza en la ruta del éxito, surge la constante tentación de atribuir los logros alcanzados a las habilidades personales, la inteligencia, así como a la capacidad de anticipación. Sin embargo, procure mantener una actitud humilde en todo momento durante su trayecto. Al alcanzar la cima de una nueva cumbre, sería apropiado tomarse un momento para expresar gratitud hacia aquellas personas que brindaron su apoyo para alcanzar este logro.

Ante cada logro, es imperativo reflexionar sobre si se ha otorgado el debido reconocimiento a los miembros individuales del equipo por sus respectivas contribuciones.

Reflexione sobre si alguna vez su autoestima lo ha conducido a subestimar la labor de un empleado con el fin de asegurar sus propios éxitos.

Reflexione sobre si ha ejercido su función de jefe y líder de manera equitativa y sabia.

En el ámbito empresarial de alto riesgo, la competitividad se desarrolla de forma orgánica. Sin embargo, existe una distinción entre mantener una "posición de ventaja competitiva" y cultivar un ambiente laboral tóxico caracterizado por individuos maquiavélicos e incompetentes. Contender contra los colegas dentro de un mismo equipo constituye una vía veloz para menoscabar la instancia que se le ha otorgado, y asegurar el despliegue de una atmósfera laboral tóxica. Evite errar en el juicio de considerar a sus subalternos con perspectivas de ascenso como un riesgo para su posición. Los líderes que inspiran mayor consideración son aquellos que verdaderamente se interesan por cada individuo de su equipo y adoptan medidas para orientarlos hacia el éxito siempre que se les presente la oportunidad.

La expresión latina "Nemo resideo" tiene como significado "no dejar a nadie atrás". La mitología griega contiene numerosas narrativas acerca de grupos de héroes que, con valentía y destreza, logran liberar a sus compañeros cautivos del control enemigo. La esencia de esta frase ha logrado perdurar durante milenios, llegando incluso a ser utilizada en las Fuerzas Armadas de los Estados Unidos. UU.

El credo de los Army Rangers de los Estados Unidos. Las palabras expresadas por UU. son las siguientes: "Jamás permitiré que un compañero caído sea capturado por las fuerzas enemigas".

El Credo del Aerotécnico declara: "Nunca abandonaré a un compañero Aerotécnico".

Según el Credo de los Soldados, nunca abandonaré a un compañero caído.

Indudablemente, durante una contienda bélica genuina, los combatientes permanecen rezagados ininterrumpidamente. Algunos individuos son despachados a la zona de combate sin reserva, conscientes de que se encuentran en riesgo inminente de perder la vida o resultar capturados. Algunos son dejados atrás en territorio enemigo con el fin de viabilizar la prosecución de la misión por otros. Las unidades de infantería son desplegadas y expuestas a graves riesgos en el campo de batalla, a menudo cumpliendo con la función de peones en una compleja estrategia militar. Esta es la cruda realidad de la confrontación. No obstante, aún se mantiene vivo el espíritu del lema "nemo resideo" con el propósito de no dejar a nadie atrás.

Los comandantes deben gestionar adecuadamente su responsabilidad hacia las tropas de infantería a su cargo, a la par de cumplir con su responsabilidad de lograr la victoria en la guerra. Los líderes del sector empresarial se encuentran ante un predicamento análogo. En calidad de líder, es frecuente enfrentar el desafío de conciliar las responsabilidades inherentes a la gestión operativa de la empresa y aquellas que respectan a la atención individualizada de cada uno de los colaboradores. Simultáneamente, es imperativo perseguir los objetivos de la empresa y, al mismo tiempo, esforzarse por lograr los objetivos únicos de cada empleado. Lamentablemente, al igual que en el juego del ajedrez es impracticable ganar sin someter una o varias piezas del juego a sacrificio, de la misma manera, resulta inviable alcanzar triunfos corporativos sin que se deban producir recortes selectivos en el contingente laboral. Los imperativos del mundo empresarial, expresados mediante fluctuaciones del mercado y tendencias económicas, podrían llevarlo a tomar medidas drásticas como la reducción de su fuerza laboral. Frecuentemente, los líderes empresariales aluden al proceso de terminación laboral como el componente más demandante del oficio, no obstante, se trata de un desenlace que no es fácil de eludir en muchos casos. No obstante, si bien cada comandante reconoce la incertidumbre de garantizar el triunfo de cada miembro del equipo, aún puede comprometerse a hacer todo lo posible para llegar a la cima de la montaña con tantos camaradas como sea posible.